40代からの街道歩き

《鎌倉街道編》

小野路宿（町田市）

新田義貞像（府中市）

伝鎌倉街道（国分寺市）

高崎城址公園（高崎市）

 contents

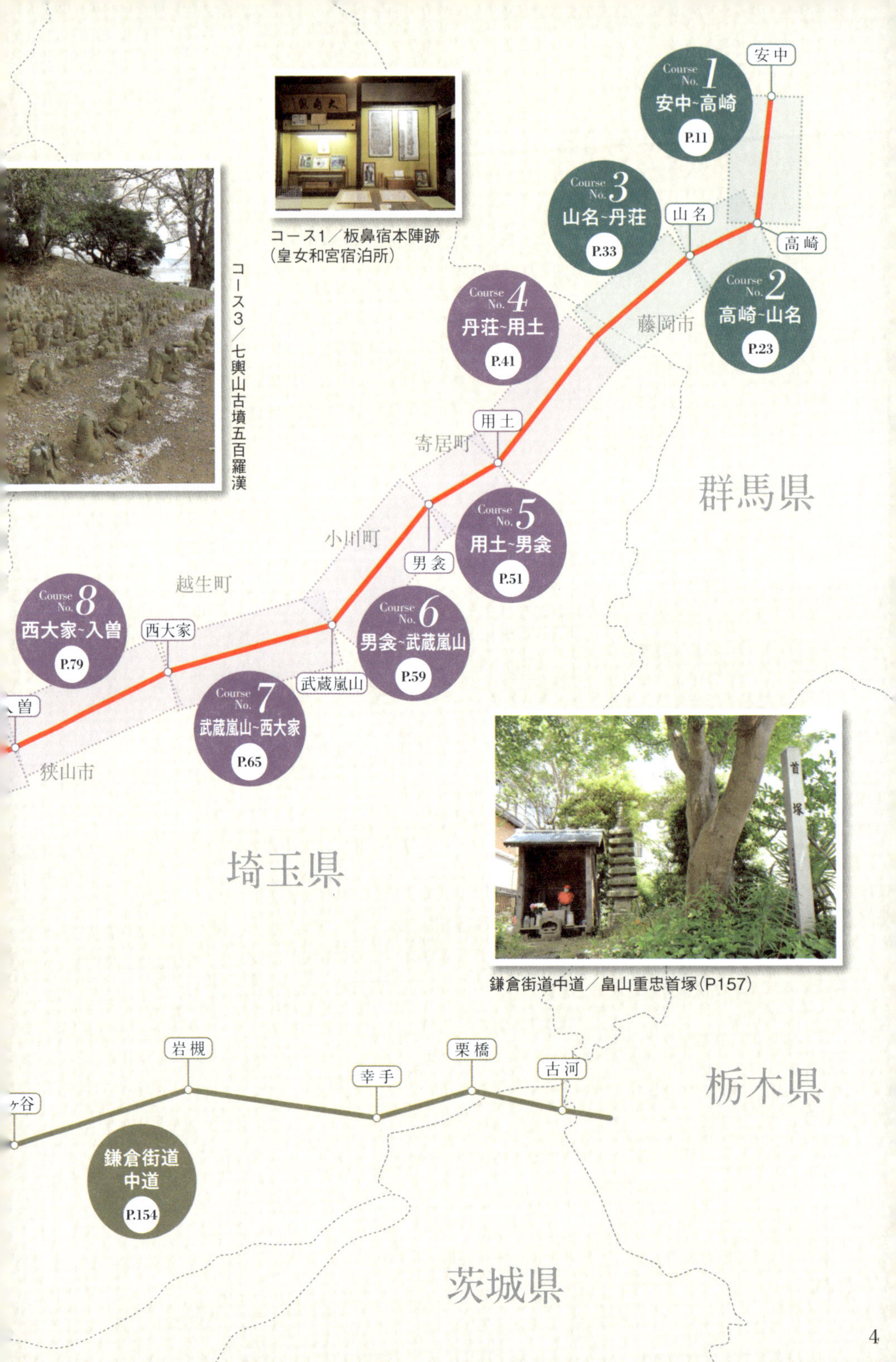

コース1／板鼻宿本陣跡（皇女和宮宿泊所）

コース3／七輿山古墳五百羅漢

鎌倉街道中道／畠山重忠首塚（P157）

鎌倉街道全図

コース11／分倍河原古戦場跡

コース12／関屋の切通し

鎌倉街道下道／瀬戸神社(P164)

鎌倉街道とは

散策前に知っておきたい基礎知識

鎌倉街道とは

鎌倉街道は、鎌倉幕府と関東の武士団を結ぶ街道の総称。現在、関東平野を縦断する３本の主要幹線は、西から「上道《かみつみち》」「中道《なかつみち》」「下道《しもつみち》」と呼ばれ、多くの脇道や枝道もある。しかし、その実態は明かではなく、「幻の道」と呼ばれている。

たとえば、鎌倉街道という呼び方は鎌倉時代にはなく、江戸時代後期から始まったようだ。江戸時代は「日光道」「大山道」などのように、到達地の地名が街道名になることが多い。鎌倉街道の場合は、源頼朝や義経が歩いた古い道と室町時代以降の道が一括りになって「鎌倉道」と呼ばれたという可能性は高い。

街道自体も、自然の地形や川の流路の変化に応じて道筋は変わるし、領主の交替や意向によって道の付け替えが行われたこともあったはずだ。なにより、鎌倉時代は８００年以上前のことで、鎌倉街道の経路を記した詳細な史料が少ない。「幻の道」となるのも仕方ないが、それだけに、往時の道筋や風景を想像して歩く楽しみがある。

鎌倉街道はなぜ造られた？

鎌倉幕府開府は諸説あり、昭和世代は１１９２（いいくに）年と憶えたが、近年は寿永４年の１１８５（いいはこ）年に改められた。源頼朝は鵯越《ひよどりごえ》の逆落としで有名な「一ノ谷の戦い」や「壇ノ浦の合戦」に勝利して、宿敵の平家を滅ぼし、武家による政治を始める。しかし、朝廷の力は侮れず、緊急時には関東の武士団をすぐに招集する必要があった。そのための軍用道路が鎌倉街道だ。いち早く鎌倉へ到達できるように最短距離の平地が選ばれ、丘陵地などは、道路部分を掘り下げて傾斜を減らし平坦な道にする掘割工事も行われた。鎌倉街道を歩けば、今もわずかではあるが掘割の遺構を見ることができる。

街道の維持管理は、土地の武家が行った。鎌倉幕府は、戦や緊急時に、到着した順番や引き連れてきた家来の人数で忠誠心を計る傾向があり、恩賞にも少なからず影響した。おのずと街道の整備にも力が入っただろう。平時には物資の輸送、僧侶や旅人の行き来にも使われた。

全長247.7km。板鼻宿（群馬県安中市）から
鎌倉（神奈川県鎌倉市）まで続く歴史の道・鎌倉街道上道。
街道歩きをより楽しむために、まずは基礎知識を学ぼう。

鎌倉街道上道とは

　鎌倉時代の文献に名前はないが、鎌倉街道上道と思われる道はある。鎌倉幕府が編纂した『吾妻鏡《あづまかがみ》』には、東海道、中路、奥大道《おくのたいどう》、下道《しもつみち》、北海道、武蔵大路《おおじ》の往還名があり、このうち、下道が、現在、「鎌倉街道上道」と呼ばれる道に近いようだ。上州には近江国（滋賀県）から陸奥国（青森・岩手・秋田北東部・宮城・福島）へ抜ける内陸道の東山道《とうさんどう》が通っており、下道を接続させることで、鎌倉から京都へのルートが完成する。鎌倉幕府にとっても重要な街道であったと思われる。名前が下道から上道にひっくり返ったのも驚きだが、これは奈良の上道、中道、下道に倣ったという説が有力。上道は「上洛の道」という意味もあり、ぴったりの命名といえる。

　本書では、鎌倉街道上道を16コースに分けて上州から鎌倉を目指す。コースは昭和53年度（1973）から文部科学省「歴史の道」活用事業で行われた鎌倉街道上道の調査結果をベースに、諸先輩の研究書や著作、各市町村の博物館・歴史館の学芸員、地元住民の助言を参考にした。

　従来の鎌倉街道上道は高崎市を起終点とするものが多いが、本書では鎌倉街道上道が軍用道路であるとともに、京都への道の役割もあったことから、スタートは東山道と鎌倉街道の分岐点である群馬県安中市板鼻地区とした。途中、街道歩きの楽しみとしての寄り道も多い。あくまで、街道歩きの一助として捉えてもらえれば幸いである。

　併せて鎌倉街道中道（P154参照）、下道（P162参照）もダイジェストで紹介しているので、それぞれを参照してほしい。

鎌倉街道小野路（町田市）

街道歩きのアドバイス

楽しく歩くための準備とコツ

ベストシーズンは？

鎌倉街道上道を歩く時期としては、春（3月～6月）と秋（9月～11月）をおすすめしたい。春は鎌倉街道遺構が残る樹林の新緑が目に眩しく、七輿山古墳の桜、おしゃもじ山のツツジ、野津田公園のバラなど多彩な花も楽しめる。秋の紅葉も格別だ。

7・8月は要注意。1都3県どこも最高気温は30度を超え、舗装道路を歩くことが多いので照り返しも強い。一方、日没時間が遅くなるのは有り難い。本書の全16コースのうち、半分は歩行距離15㎞以上（最長はコース3の約21・5㎞）になる。各自の体力に合わせて判断して欲しい。

アクセスでは、コース3・4・5で利用するJR八高線がほぼ1時間1本の運行となる。スタート駅の場合は、乗り遅れると予定が大きく狂うので注意しよう。歩き疲れた時は路線バスやタクシーを柔軟に利用して、次回はそこから歩けばいい。

服装や必携アイテムは？

登山ほどではないが、長く歩くことを考えると、パンツはストレッチ素材で、下着と合わせてポリエステル系の速乾性のものがいい。シャツは半袖を避け、襟付きの長袖にしておくと日焼けや虫刺されの予防になる。着替えもあるといい。

帽子も必需品。夏場は熱中症対策で通気性が良いものを選ぶ。キャップタイプは首の後ろが日焼けしやすいので気をつけたい。荷物はリュックやウエストポーチに収め、できるだけ両手を空けておく。肩掛けバックは体のバランスが悪くなり、疲れやすいので避けた方がいいだろう。折りたたみ傘やレインウェアなどの雨具の有無は、当日の天気予報を見て各自で判断して欲しい。

靴に関しては、ウォーキングシューズまたはスニーカーで大丈夫。靴を履くときは紐を緩めて履き、つま先を上げ、踵でトントンと地面を叩く。足の甲がフィットするように紐を締めたら、今度は踵をあげて、足指の付け根が曲がった状態で紐を蝶結びにする。靴下は5本指ソックスだと、踏ん張りが利き、足マメ予防にも効果がある。

踵でトントンと地面を叩き、フィットしたら紐を締める
踵をあげ、足の付け根を曲げた状態で紐を蝶結びにする

歩き方のコツは？

まずはウォーミングアップ。両手を組んで裏替えしに頭上に上げて背筋を伸ばした

り、腰や足・手首を回したり、膝の屈伸運動、アキレス腱を伸ばすなど、筋肉や腱をほぐして体の柔軟性を高めておく。歩き初めてからも信号待ちや休憩時にストレッチ運動して、こまめに疲れを取っておくとよい。

　歩き方のコツは踵からつま先へゆっくり重心を移動させ、歩幅は無理しない程度で広くとる。単純に10mを20歩で歩く時と18歩で歩く時では2歩の差が出る。100mで20歩、1㎞だと200歩、10㎞で2000歩の差ができる。1歩ごとに膝や腰は衝撃を受けるので、やはり歩数は少ない方がいい。

　水分補給も忘れずに。喉が渇いてからではなく、夏場ならば30分から1時間を目安に1回にコップ1杯分（180〜200㎖）程度の水を飲もう。当然、荷物には水筒もしくは500㎖のペットボトルを加えておくことを忘れずに。また、飴などのオヤツがあると気分転換になるので持っていくといい。

トイレ・食事は？

　街道歩きの鉄則で、トイレも食事も困る前に済ませること。トイレに関してはスタート地点の駅と昼食の飲食店で必ず立ち寄ること。途中はコンビニ、公園、ショッピングセンターで借りる。飲食店はランチ時間を過ぎると休憩を取る店が多いので、あらかじめ菓子などを用意するのもいい。

帽子
日差しや紫外線から頭を守ってくれる。多少の雨なら気にならない
リュック
体にフィットするもの。地図などを収納できる脇ポケット付きが便利
パンツ
速乾性のあるポリエステル系で、ストレッチ素材がおすすめ
水筒
500㎖のペットボトルサイズならリュックの脇ポケットに差せる
靴
ウォーキングシューズがベストだが、スニーカーでも大丈夫

本書利用にあたって

●記載しているデータ(営業時間・定休日・料金)は2019年7月31日現在のものです。その後、変更されることがありますので、ご利用にあたっては事前に確認願います。

●休業日に関しては年末年始、GW、お盆、9月の連休などは変更になる場合があります。

●美術館や博物館、公園、庭園などの施設は、原則的に閉館(園)時間を記載しています。また、料金は通常期の大人1名分で表示しています。

●各コースに記載している歩行距離は、コース図内の点線部分から算出したものです。歩行時間は時速4㎞(分速約67m)、歩数は1歩75㎝で算出しています。

●各コースに記載している歩行距離・時間・歩数には、寺社、公園、博物館などの施設内の距離・時間・歩数は含まれず、入口までで算出しています。

●記載している歩行距離・時間・歩数は目安です。歩き方や見学時間などによっても異なりますが、実際には記載している距離・時間・歩数の1.3〜1.5倍くらいになります。余裕をもって計画されることをおすすめします。

南窓寺裏の鎌倉街道

Course No. **1**

安中 ▶ 高崎

東山道との分岐を発ち高崎城下へ

歩行距離 約15.3km

約3時間50分

歩数 約2万400歩

Start 安中駅
ＪＲ信越本線

▼

2 板鼻宿本陣跡

▼

8 観音塚古墳

▼

9 上野國一社八幡宮

▼

10 少林山達磨寺

▼

12 笛吹塚

▼

15 高崎城址公園

▼

Goal 高崎駅
JR上越線・高崎線・
信越本線・八高線・両毛線・
上越新幹線・北陸新幹線

天気の良い日は浅間山の山頂が見られる
セブン
イレブン
安中駅
Start
171
信越本線
板鼻宿拡大図P16
406
聞名寺
称名寺
烏川
平塚公園
観音塚古墳
樹齢800年以上と伝わる
ケヤキの老木がある
碓氷川
18
大聖護国寺
9 上野國一社八幡宮
大鳥居
左に進み川側の土手下に下りて
橋をくぐる。しばらく歩くと
土手の上に上がれる
八幡大門
セブンイレブン
群馬八幡駅
鼻高橋
10 少林山達磨寺
浅間神社
電気やうら野
11 藤塚一里塚
12 笛吹塚
上豊岡町
豊岡中
天龍護国寺
13 常安寺
豊岡小
八坂神社
草津温泉道標
ベルク
下豊岡町西
17
君が代橋
並榎町西
常仙寺
道幅が狭いところがあるので注意しよう
354
北高崎駅
和田橋
中央小
和田橋
14 高崎城土塁跡
高崎郵便局
高崎市役所
聖石
15 高崎城址公園
聖石橋
16 諏訪神社
聖石橋
あら町
ファミリーマート
上越・北陸新幹線
17
烏川
上信電鉄
高崎駅
Goal
N
0
1km

宿場や社寺をつないで碓氷川沿いを往く

いざ、鎌倉。関東武士が幕府の危難を救おうと、あるいは攻め滅ぼそうと鎌倉に向かって駆け抜けた鎌倉街道上《かみつ》道《みち》（以下、鎌倉街道）を歩き始めよう。

スタートは鎌倉街道と東《とう》山《さん》道《どう》の分岐点である安中市板鼻地区。安中駅を出たら国道18号の高架をくぐり、県道１７１号を直進する。県道の左側には旧中山道が通っていて、この先の碓氷川には中山道唯一の徒渡《かちわた》りがあった。旅人は人足に肩車されるか、蓮《れん》台《だい》に乗って川を渡ったという。

鷹之巣橋を渡り、❶**鷹ノ巣出丸跡**を見たら、板鼻宿へ。碓氷川の増水時に足止めされた旅人や物資を受け入れるため、宿場の規模は大きく、大変な賑わいだったという。その名残を感じつつ❷**板鼻宿本陣跡（皇女和宮宿泊所）**、❸**長傳寺**、❹**称名寺**、❺**聞名寺**《もんみょうじ》を巡ってみよう。

南窓寺前の急階段を登って本堂を回り込むと、いよいよ鎌倉街道の始まりだ。その先「聞名寺西口」の案内が立つT字路を左に曲がり、老人福祉センターの先を右に進むと❻**伊勢殿碑（伊勢義盛屋敷跡）**、❼**鏡池**がある。源義経と伊勢義盛の出会いの場という。

道なりに歩き、一度、板鼻陸橋下交差点に出たら、左の坂道を上る。ガソリンスタンドの脇道を入り、❽**観音塚古墳**を見て、さらに東に歩くと❾**上野國一社八幡宮**に着く。仁王門だった神門、拝殿内の護摩堂、鐘楼もあり、神仏混淆の歴史がよくわかる。

鎌倉街道は東に進むが、少し寄り道する。神門からの参道を進み、碓氷川に出る。対岸に待つのは❿**少林山達磨寺**だ。高崎が誇る縁起だるまの発祥地であり、北岸からの玄関口となる鼻高橋の親柱の上には大きなだるまが乗っている。達磨寺では縁起だるまが買えるほか、開眼といって僧侶が筆で小さな眼を入れ、魂を込めてくれる。

鼻高橋を戻り、碓氷川の土手を下流へ歩くと左手に⓫**藤塚一里塚**がある。近くの上豊岡町交差点で国道18号を渡り、そのまま直進。右側の電気店の前を右に入る。少し先に義経伝説が残る⓬**笛吹塚**があり、この辺りを鎌倉街道が通っていたと予想できる。

⓭**常安寺**から住宅街を抜けて、国道４０６号・18号とつなぎ、君が代橋で烏川を渡る。進むほどに車が多くなるので注意しよう。⓮**高崎城土塁跡**、⓯**高崎城址公園**を見て、シンフォニーロードのカーブを曲がれば、高崎駅までは一本道だ。途中に⓰**諏訪神社**があるので見逃さずに。

左／真田家の岩櫃(いわびつ)城を彷彿させる急峻な断崖が碓氷川の北岸に見える
下／江戸時代になると出丸跡に神社が建てられ、現在も山門が残る

足のすくむ断崖の上から
人や物の流れを見張った

❶鷹ノ巣出丸跡《たかのすでまるあと》

碓氷川北岸でひと際目を引く崖の上に板鼻城の出丸があった。板鼻城は謎が多く、いつ誰が築城したかは不明だが、渦巻き状の縄張りから戦国時代の築城と推察されている。この地を武田氏が治めた時は出丸が狼煙ネットワークに使われたようだ。その後は小田原北条氏が治めるが、天正18年(1590)の小田原攻めで板鼻城は落城した。

板鼻宿内には約400年前に開削された板鼻堰用水が今も流れる

八坂神社の双体道祖神。仲睦まじい姿で子宝・安産祈願している

大名屋敷のように床下には忍者が隠れる穴も作られていた

150年前の姿をほぼ残す
本陣屋敷の書院を公開

❷板鼻宿本陣跡（皇女和宮宿泊所）《いたはなじゅくほんじんあと(こうじょかずのみやしゅくはくじょ)》

板鼻宿は日本橋から14番目になる中山道の宿場。現在の板鼻公民館の場所に木島家本陣があった。幕末に徳川14代将軍家斉(いえなり)に嫁いだ皇女和宮は、中山道を通り、木島家の書院で宿泊。当時の書院が残され、平日は一般公開する。

群馬県安中市板鼻1-6-20

皇女和宮が履いた草履や調理に使用したまな板などが展示さている

旧板鼻宿の通りには養蚕が盛んだった上州らしい高窓屋根の民家が残る

山門は文化3年（1806）建立。山門額は少林山達磨寺の開祖・心越禅師の書

見る者の心を鷲づかみにする江戸期の名工による欄間彫刻

③ 長傳寺《ちょうでんじ》

約450年前に高崎で開山。戦国時代に焼失し、現在地へ移転した。本堂欄間には曹洞宗の宗祖・道元禅師が修行中に虎と出会い、錫杖を投げたところ龍に変身して虎を追い払ったという伝説を描く「龍虎の巻」など、11点の彫刻が見られる。

群馬県安中市板鼻2-5-21

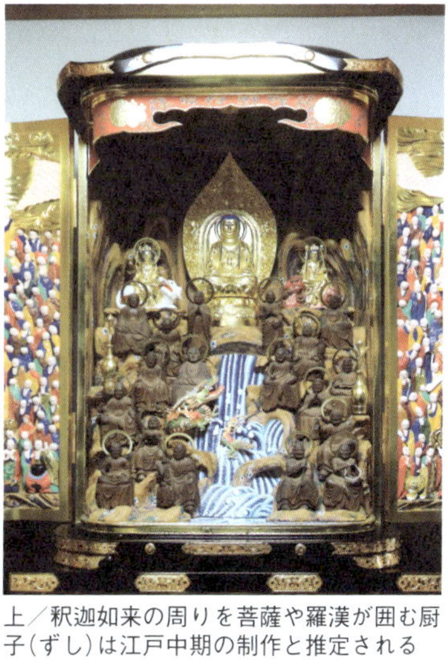

上／釈迦如来の周りを菩薩や羅漢が囲む厨子（ずし）は江戸中期の制作と推定される
左／日光造営の流れを汲む彫物師が手がけた欄間彫刻「龍虎の巻」

日本に3個しか現存しない
一遍上人の貴重な笈を伝える

5 聞名寺《もんみょうじ》

時宗の宗祖・一遍上人が弘安3年(1280)に善光寺参詣巡教で立ち寄り、念仏道場を開いたのが始まり。寺宝「聞名寺の笈(おい)」は一遍上人一行が仏像や経巻を入れて背負った十二光笈の1つで、えんま祭り(8月16日)で公開される。

群馬県安中市板鼻2101

梵鐘は宝永5年(1708)造で、
市の重要文化財に指定される

天台宗の修験道場として
多くの学僧を育てた

4 称名寺《しょうみょうじ》

天徳元年(957)開山の古刹。謡曲『鉢の木』の主人公・佐野常世(つねよ)が宿泊した際、馬の鞭(むち)にしていたカエデの枝を地面に差した。すると根付いて大木になったという「逆さ楓」が鐘楼前にあった。現在のカエデは植え替えたもの。

群馬県安中市板鼻2212

南窓寺の門前に立つ観音像。鎌倉街道に上がる坂道の目印になる

巨大な岩に「青面塔」の文字とそれを挟む2匹の猿を刻んだ庚申塔

右下／風情ある本堂には本尊の阿弥陀如来が祀られている
上／十王堂にはえんま大王を中心に亡者の罪を裁く十尊を祀っている

左／伊勢義盛は故あって故郷を離れ、上野国板鼻に移り住んだ
下／「伊勢殿」と刻まれた石碑の傍らに小さな祠が建てられている

義経と運命を共にする
伊勢義盛の屋敷跡

6 伊勢殿碑（伊勢義盛屋敷跡）

いせどのひ（いせよしもりやしきあと）

源義経を中心にした軍記『義経記（ぎけいき）』によると、承安4年（1174）に京の鞍馬寺を脱出した源義経が、この地に住んでいた伊勢義盛の屋敷に泊まり、主従の約を結んだという。義盛は文治元年（1185）に伊勢の神官の子として生まれたと伝わり、平家討伐で偉功を立てている。

満開の桜に彩られた山崎稲荷。
静かな神社で小休止にもってこい

大谷津川沿いの車道脇に「くさつ道」と刻まれた道標がある

源義経の願いが叶い
いまも葦の葉は片方だけ

7 鏡池《かがみいけ》

伊勢義盛の妻が鏡代わりにして身支度したことから鏡池と呼ばれる。義経が宿泊した際、湖畔の葦（あし）に「主従の約を結んだ義盛の忠誠が変わらず、源氏の再興がなるならば片葉のみ出るだろう」と願掛けして以来、いまも葦は片葉という。

鏡池の「片葉の葦」は
板鼻七不思議の一つに数えられている

奈良の石舞台に肩を並べる
横穴式の巨石石室は圧巻

8 観音塚古墳《かんのんづかこふん》

6世紀末から7世紀初めに築造された大型前方後円墳。横穴式石室は内部を見学でき、巧みに巨石を組んでいることがわかる。昭和20年（1945）には300点ほどの副葬品が出土。近くの「観音塚考古資料館」で見られる。

群馬県高崎市八幡町1087

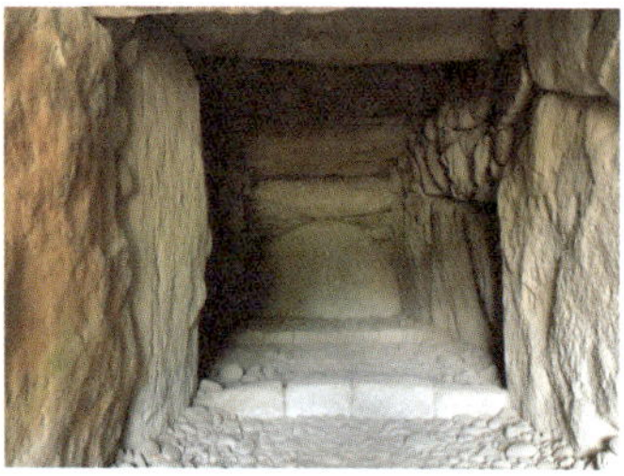

上／春は墳丘の桜が咲き、花の丘のように
右／観音塚考古資料館では出土品を展示
左／最大55ｔの天井石が使われた石室。奈良の石舞台古墳に対して「群馬の石舞台」ともいわれる

頼義、義家、頼朝など
代々の源氏が深く崇敬した

9 上野國一社八幡宮

こうずけのくにいっしゃはちまんぐう

天徳元年（957）の創建。源頼義・義家父子は奥州征伐での必勝を祈願し、成就の礼に社殿を再建した。源頼朝は鎌倉幕府を開くとともに全社殿の改築、参道の整備などを行っている。武運のほか、子授け、子育ての御利益を祈願する人が多い。

群馬県高崎市八幡町655

左／拝殿の天上は劣化が著しいが、龍や鷹の天上画があったことはわかる
下／拝殿は寺のようだが、奥の本殿は朱塗りで細かな彫刻も施されている

地主稲荷社は元宮で、祭日に配られる餅は「子授け餅」として人気だ

仁王門だった神門をくぐると長い石段が待っている。ゆっくり登ろう

徳川光圀も帰依した
心越禅師が開山した禅寺

⑩ 少林山達磨寺《しょうりんざんだるまじ》

元禄10年（1697）に前橋城主・酒井忠挙（ただたか）が裏鬼門を守る祈願寺として創建。渡来僧の心越禅師を開山とした。天明の飢饉（1782〜1788）で苦しむ農民のために、9世住職が作り方を考案し伝授したのが高崎名物の縁起だまるだ。

群馬県高崎市鼻高町296

上／開創300年記念の総門。本山である黄檗山萬福寺の総門と同じ様式だ　下／霊符堂（本堂）には北辰鎮宅霊符尊（ほくしんちんたくれいふそん・別名は妙見菩薩）と初祖達磨大師、開山心越禅師を祀っている

本尊の「坐禅だるま」のほか、古今東西のだるまを展示する達磨堂

茅葺き屋根の観音堂は境内で最も古い建物

想像力をかき立てられる
義経伝説の隠れスポット

⑫笛吹塚《ふえふきつか》

かつて豊岡中学校の西側に「笛吹塚」があった。語り伝えでは、奥州から下ってきた牛若丸（源義経）が石置き場で休み、愛用の笛を吹いたという。同じ源氏の源頼義が奥州討伐の際に笛を吹いたという話もある。

本来の場所とは違うが、
民家が建てられたため現在地に移された

わずか3代で消えた
豊岡藩の記憶を伝える

⑬常安寺《じょうあんじ》

元亀元年（1570）に豊岡領主・禰津政直（ねづまさなお）が陣屋内に開いた寺。寺号は政直の別名「松鷗軒常安（しょうおうけんじょうあん）」に由来する。禰津氏は武田氏、徳川氏と仕え、江戸時代に豊岡藩主となるが跡継ぎが早逝して3代で廃藩になった。

群馬県高崎市下豊岡町1405

亡者の衣服を剥ぎ取り、特別な木にかけて
罪の重さを計る奪衣婆（左）と閻魔大王

藤塚一里塚はムクの木が植えられた。根元には祠や道標も見られる

樹齢400年のムクが目印
一里塚の姿を今も残す

⑪藤塚一里塚《ふじづかいちりつか》

群馬県内では唯一となる中山道の一里塚。日本橋から28里（約112km）の距離に立つ。一里塚は1里（約4km）間隔で、街道の両側に盛り土をし、中央にエノキなどを植えた。距離の目安とともに木陰は絶好の休憩所になった。

明治26年（1893）の火災により、
ほとんどの伽藍は焼失したが、山門は難を逃れた

現代の町中で異彩を放つ
高崎城の貴重な遺構

⑭高崎城土塁跡《たかさきじょうどるいあと》

高崎城は慶長3年（1598）に徳川四天王の井伊直政が、室町時代に築城された和田城を取り囲むようにして築かれた。お堀端通りに残る高い土塁と堀は貴重な遺構で、三の丸をすっぽり囲うように造られている。

土塁は上を歩くこともできる。意外と高いので驚くはずだ

外敵に備えた堀端は
いまや散歩コースに

⑮高崎城址公園《たかさきじょうしこうえん》

明治4年（1871）の廃藩置県後、高崎城は陸軍の兵営や練兵場となる。公園内に残る乾櫓と東門は民間へ払い下げになったもので、昭和55年（1980）、高崎市に寄贈されたことから復元移築した。

美しい白壁の乾櫓。移築前は農家の納屋になっていたという

由緒は慶長４年（１５９９）に箕輪城の下ノ社を勧請したと伝わる

小さな社ながら
漆喰彫刻に目が釘付け

⑯諏訪神社《すわじんじゃ》

あら町交差点近くに立つ土蔵のような社。高崎は何度も大火があり、耐火性の高い総漆喰の塗籠（ぬりごめ）造りにしたようだ。屋根と裳腰（もこし）の間には七賢人、波しぶき、飛龍、牡丹と手の込んだ漆喰彫刻がある。

群馬県高崎市あら町85-1

佐野橋

Course No. 2

高崎▼山名

烏川三名石を目安に烏川を渡る

歩行距離 約16km

約4時間

歩数 約2万1400歩

Start 高崎駅
JR上越線・高崎線・信越本線・八高線・両毛線・上越新幹線・北陸新幹線

▼

3 聖石

▼

6 佐野の船橋歌碑

▼

8 定家神社

▼

9 金井沢碑

▼

11 山名八幡宮

▼

13 山上碑

▼

Goal 山名駅
上信電鉄

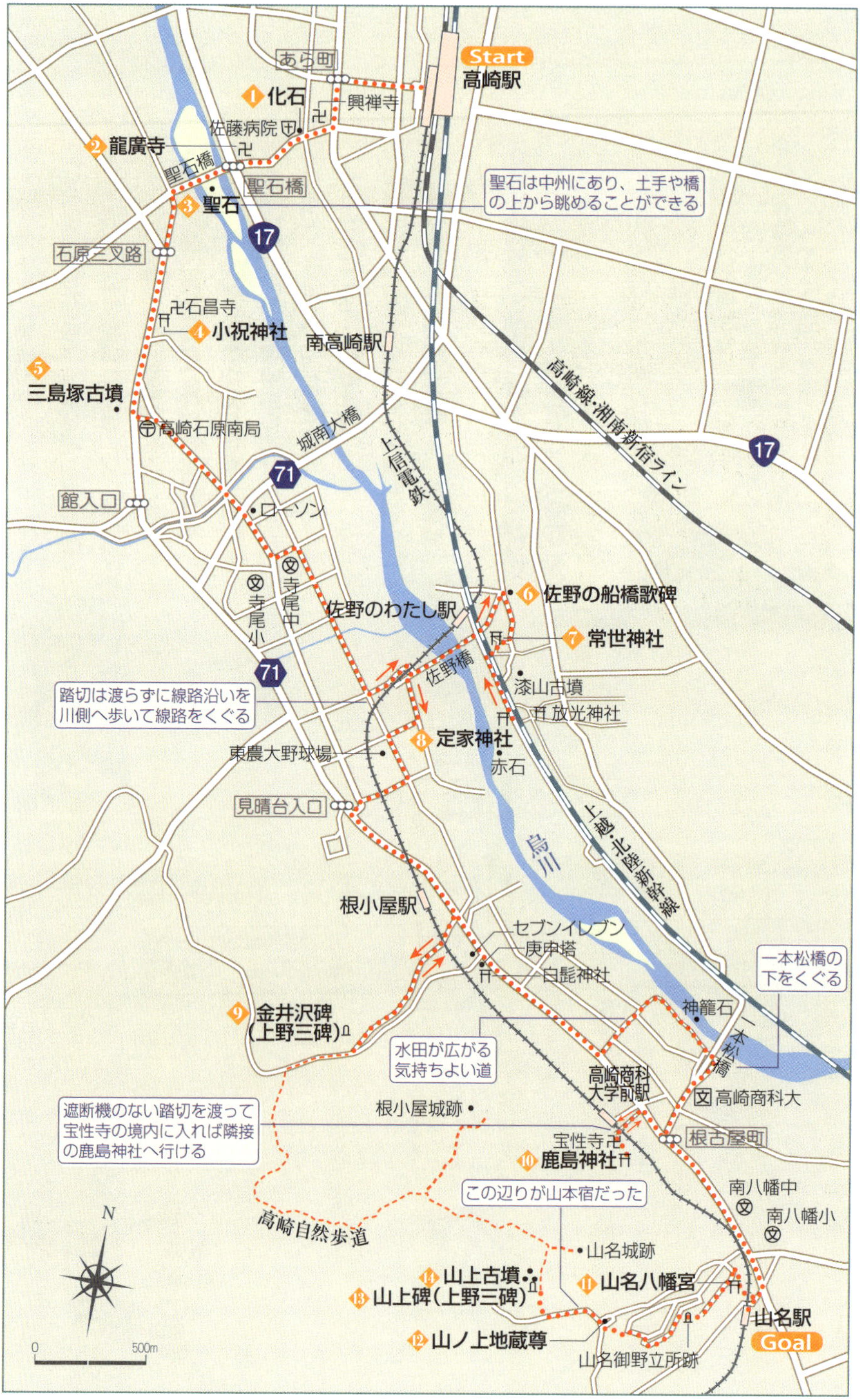
Start
高崎駅
あら町
1 化石
興禅寺
佐藤病院
2 龍廣寺
聖石橋
聖石橋
3 聖石
聖石は中州にあり、土手や橋の上から眺めることができる
17
石原三叉路
石昌寺
4 小祝神社
南高崎駅
5 三島塚古墳
高崎線・湘南新宿ライン
高崎石原南局
城南大橋
上信電鉄
17
71
館入口
ローソン
寺尾中
寺尾小
佐野のわたし駅
6 佐野の船橋歌碑
7 常世神社
佐野橋
71
踏切は渡らずに線路沿いを川側へ歩いて線路をくぐる
漆山古墳
放光神社
8 定家神社
東農大野球場
赤石
見晴台入口
烏川
上越・北陸新幹線
根小屋駅
セブンイレブン
庚申塔
白髭神社
一本松橋の下をくぐる
9 金井沢碑（上野三碑）
神籠石
一本松橋
水田が広がる気持ちよい道
高崎商科大学前駅
高崎商科大
遮断機のない踏切を渡って宝性寺の境内に入れば隣接の鹿島神社へ行ける
根小屋城跡
宝性寺
根古屋町
10 鹿島神社
南八幡中
南八幡小
この辺りが山本宿だった
N
高崎自然歩道
山名城跡
14 山上古墳
11 山名八幡宮
13 山上碑（上野三碑）
山名駅
Goal
12 山ノ上地蔵尊
山名御野立所跡
0
500m

烏川の西岸を南へ歩く 上野三碑へ寄り道も

　街道を歩く旅人にとって悩みの種といえば川だろう。鎌倉時代の渡り方は徒歩、船、船橋が基本で、コース2に登場する烏《からす》川は、主に浅瀬を徒歩で渡ったそうだ。渡河地点は大きく3つあったが、本書では聖石《ひじりいし》を渡河地点とした。

　高崎駅西口からあら町交差点まで戻り、烏川に架かる聖石橋を目指す。途中、佐藤病院の入口右脇に❶化石《ばけいし》、聖石橋の手前に❷龍廣寺がある。聖石橋に上がったら左側に注目。鳥居と石碑をのせた大石が❸聖石だ。こうした大石は渡河地点の目印になり、川の水量を計るのにも重宝した。対岸に渡ったら左へ。❹小祝《おぼり》神社、❺三島塚古墳を見て、県道71号を渡ると広々とした田園風景が始まる。上信電鉄の線路をくぐり、烏川へ向かうと、ほどなく佐野橋に出る。橋脚以外は木製という今では珍しい橋だ。橋の上からは小さいながら、渡河の目印にされた赤石が見える。

　対岸には、男女の悲話を伝える❻佐野の船橋歌碑、謡曲『鉢木《はちのき》』で知られる鎌倉武士・佐野常世《つねよ》を祀る❼常世神社、歌人・藤原定家《ていか》を祀る❽定家神社と見どころが点在する。

　佐野橋を戻り、県道71号に出たら左へ進む。この先、県道の右側は岩野谷丘陵（観音山丘陵ともいう）が広がり、中ツ沢、金井沢などの沢が続く。現在は小川程度の流れなので苦にならないが、昔は鉄砲水が発生して、しばしば通行止めになったそうだ。そこで、山を守る修験者に道案内を頼み、尾根を抜ける旅人も多かったという。山名駅からコース1の少林山達磨寺へ抜ける高崎自然歩道を歩くと当時の尾根歩きが体感できる。

　根小屋駅を過ぎたら、❾金井沢碑（上野三碑）に寄り道。窓越しながら、ユネスコ「世界の記憶」に登録された石碑の本物を見られるのは凄い。

　聖石、赤石と合わせて「烏川三名石」に数えられる神籠《こうご》石《いし》を経て、❿鹿島神社を参拝。もうひと頑張りすれば⓫山名八幡宮に到着だ。参道を上信電鉄が横切るため、線路をくぐってから本堂までの石段を上るのがおもしろい。

　ゴールの山名駅は神社からすぐだが、せっかくならば神社裏の丘陵を越えて、山本宿を訪ねたい。柳沢沿いに開かれた小さな集落で、⓬山ノ上地蔵尊や来迎阿弥陀画像板碑などの石造物が残る。なにより⓭山上碑（上野三碑）と⓮山上古墳があり、1日で上野三碑の2基を見られるのだから頑張る価値はある。ちなみに、残りは吉井町の多胡碑。上信電鉄吉井駅から車で5分ほどだ。

小さな祠の脇にひっそり佇む
源頼朝ゆかりの巨石

1 化石《ばけいし》

佐藤病院の入口脇にある巨石で、源頼朝の馬が驚いて蹴り上げたという伝説から「馬蹴り石」ともいう。高崎市内にある高崎神社の「和田の立石」、2つに割られて善念寺と高徳寺に安置される「上和田の円石(まるいし)」と合わせて「和田三石」とも呼ばれた。

群馬県高崎市若松町96

古書では「馬上石(ばあげいし)」の名前で紹介することもある

右／本堂は大正5年(1916)に再建された
左／日露戦争で捕虜として連れて来られた旧ロシア人兵士3人の墓。ロシア語で銘文が書かれている

上／「高崎山」の扁額（へんがく）を掲げた山門は幕末の嘉永7年（1854）に完成
右／墓所には高崎藩初代藩主の井伊直政の供養塔が立つ

重厚な山門に高崎山の文字
高崎の地名が生まれた古刹

2 龍廣寺《りゅうこうじ》

井伊直政が箕輪城主の頃から篤く信頼していた禅僧・白庵秀関(はくあんしゅうかん)を招くため、慶長3年(1598)に創建した。地名の高崎は白庵秀関の提案で決まり、直政の命で寺の山号は「高崎山」となった。墓地に井伊直政の供養墓がある。

群馬県高崎市若松町49

烏川に架かる聖石橋。
両側に歩道があるので
川下の左側を歩こう

弘法大師が腰掛けたという伝説が聖石の名前の由来。今より水量が多い頃は舟を岩につないだとも

烏川三名石では最も発見しやすい 弘法大師ゆかりの大石

3 聖石《ひじりいし》

聖石橋で烏川の西岸に渡ると、左側に赤い鳥居と大きな石碑をのせた聖石が見える。昔の旅人は川の浅瀬を徒歩や馬で渡ったため、こうした巨石や奇岩は目印にされた。下流の赤石と神籠石（川籠石／こうごいし）と合わせ「烏川三名石」ともいう。

外壁には極彩色で彩った彫刻が見られる

高崎城主の間部詮房（まべあきふさ）が正徳年間（1711〜1715）に造営

高崎城主が造営した 本殿は市内屈指の古さ

4 小祝神社《おぼりじんじゃ》

創建は不詳ながら、平安時代の書物『延喜式』に記載されており、1000年以上の歴史がある。延喜式に載る上野国の社寺は12社だけ。祭神は医薬の神である少彦名命（スクナヒコナノミコト）で、病気平癒や安産などの御利益があるという。

群馬県高崎市石原町1247

春の眺めはまるで古墳が花笠をかぶっているようで足を止めて見入ってしまう

三島神社を頂上に乗せた
5世紀初めの大型円憤

5 三島塚古墳

みしまづかこふん

小坂山の北東に位置する直径60m、高さ5.5mの大きな円墳。昭和10年（1935）の調査ではここから観音山丘陵の石原・寺尾地区までの間に76基の古墳が確認された。三島塚古墳は規模や造りから首長の古墳と考えられる。

群馬県高崎市石原町3194-1

皇族・彦狭島王（ひこさしまおう）の墓という説もある

船橋にまつわる伝説は謡曲『船橋』のモチーフになった

哀れな男女の慰めに
江戸時代に建立された

6 佐野の船橋歌碑

さののふなばしかひ

『万葉集』の東歌「かみつけの佐野の船はしとりはなし　親はさくれどわはさかるがへ」が刻まれた歌碑。親が船橋の橋板を外したことを知らず、恋仲の男女が渡ろうとして溺死した伝説を詠んだとされる。碑は文政10年（1827）建立。

佐野橋から赤石（右上）を望む。戦後に爆破されて、少し小さくなった

鎌倉武士の気骨を現す
謡曲『鉢木』の舞台

7 常世神社《つねよじんじゃ》

鎌倉武士・佐野常世を祀る神社。常世は栃木県佐野市の領地を横領された後、佐野（現・群馬県高崎市）の地に移り住んだ。神社の立つ場所は常世の屋敷跡と伝えられている。石段の手前に謡曲『鉢木』（P32参照）の場面を描いた絵画があるほか、歌碑などの石造物が立つ。

群馬県高崎市上佐野町495-2

絵画の覆い扉は自由に開けられる。
鑑賞後は閉め忘れにご注意

境内には遊具が置かれ、休日などは親子連れの姿もよく見られる

本堂右側には石の祠を頂上にのせた塚がある。富士塚と推定される

鎌倉時代の
著名な歌人を祀る

8 定家神社《ていかじんじゃ》

『百人一首』や『新古今和歌集』などの選者を務めた鎌倉時代の歌人・藤原定家を祭神とする。定家の詠んだ歌と歌枕の「佐野」の地が結びつき、高田神社に合祀されたのが始まりという。後に定家神社と社名を改めた。

群馬県高崎市下佐野町873-1

覆屋のスイッチを押すと室内の灯りがつき音声ガイドを聞くことができる

県名「群馬」のルーツとなる
羣馬「くるま」の文字も刻む

⑨金井沢碑(上野三碑)《かないざわひ(こうずけさんぴ)》

ユネスコ「世界の記憶」に登録された上野三碑の1つ。金井沢碑は奈良時代の神亀3年(726)に三家(みやけ)氏を名乗る氏族が、同族とともに仏教の教えで結びつき、先祖の供養と一族の繁栄を願って造立した。

群馬県高崎市山名町金井沢2334

鹿島立ちの名残を感じる
街道沿いの小さな古社

⑩鹿島神社《かしまじんじゃ》

茨城県の鹿島神宮から勧請した古社。古代の防人(さきもり)や武士は「鹿島立ち」といい、鹿島神社に旅の無事を祈願してから出発した。毎年8月には6mの竹竿に花火を仕掛けた万灯花火を上げ、五穀豊穣などを祈願する「鹿島の七日火」が行われる。

群馬県高崎市根小屋町847

起源は定かではないが、境内に残された礎石から古い神社と考えられる

一本松橋の上流側に位置する
神籠石(川籠石)は
川越石(かわごえいし)とも呼ばれた

頼朝の右腕となった
山名義範ゆかりの社

⑪山名八幡宮《やまなはちまんぐう》

源氏の一族で、新田氏の祖・義重の子である山名義範が、安元年間(1175～1177)に大分県の宇佐八幡宮を勧請したのが始まり。江戸時代に前橋藩主が再建した本殿には、名工関口文治郎の精緻な彫刻が施されている。

群馬県高崎市山名町1510-1

右／全国の山名氏の末裔が協力して
奉納した神馬像
左／祭神の一柱である神功皇后の彫刻。
左の武将が皇后の子をあやしている

地蔵尊の隣には
念仏を3日3晩唱えて
疫病を鎮めた
「百万遍供養塔」が立つ

生花の供物に感じられる
地蔵尊への感謝の気持ち

⑫山ノ上地蔵尊《やまのうえじぞうそん》

街道の辻や宿場の出入口には、旅人の安全を祈願した石仏などが建てられた。山名八幡宮の南西に位置する山本宿にも高さ1.5mの地蔵尊が鎮座している。現在も篤く信仰され、8月の3と4の付く日は夜祭りが行われる。

群馬県高崎市山名町山ノ上

如意輪観音隣の石塔に「来迎阿弥陀画像板碑」が治められている

右／石段を上り詰めた先に弊殿がある。安産・子育ての神と崇敬される
左／馬庭念流中興の祖・樋口定次が御前試合での勝利を祈願して参籠。満願の日にビワの木刀で打ち削ったという太刀割りの石がある

丘陵の南斜面に築かれた
有力豪族の古墳

⑭山上古墳《やまのうえこふん》

石室内は見学可。よく見ると最奥に石仏が祀られている

7世紀に築造された直径15mの円墳。石室は地元産の凝灰岩を使った切石積みになっている。隣接の山上碑より数十年早く築造されていることから、黒売刀自の父を埋葬し、後に黒売刀自を追葬したと考えられる。古代の家族制度を知るうえでも重要な古墳だ。

群馬県高崎市山名町山神谷2104

丘陵の南斜面を掘り込んだ山寄せ式の墳丘になっている

高さ1・1mの輝石安山岩に縦書きで4行の文字が刻まれている

子どもが母を追善した
完全な姿を残す最古の板碑

⑬山上碑（上野三碑）

やまのうえひ（こうづけさんぴ）

天武天皇の時代（681年）に造立された石碑で、完全な形で残る石碑としては日本最古となる。ヤマト政権の直轄地である佐野三家（みやけ）を管理した豪族出身の黒売刀自（くろめとじ）を追善するために、僧となった息子が建てたという。

群馬県高崎市山名町山神谷2104

お耳拝借 1

omimihaisyaku

❖鉢木《はちのき》

佐野常世が鉢木を鉈で伐る場面を描いた常世神社の絵画

謡曲『鉢木』のあらすじは、雪の降る夜、一族の領地争いに負け、上野国佐野で貧困生活を過ごす佐野常世の元へ旅の僧侶が訪ねて来ることから始まる。常世は凍える僧に暖を取ってもらおうと、大切にしてきた鉢木の梅、桜、松を鉈（なた）で伐り、火にくべながら「生活は苦しくても御家人の心は捨てていない。鎌倉に事あれば痩せ馬に跨がってはせ参じる」と熱く語る。

後日、御家人に緊急招集がかかると、常世はみすぼらしい身なりながら、鎌倉に一番乗り。そこにはあの旅の僧が待っていた。僧は鎌倉幕府の実権を握っていた執権北条時頼であった。時頼は薪として燃やした木々にちなみ、加賀の梅田、越中の桜井、上野の松枝（松井田）を褒美として与えた。

誠意を込めたもてなしが評価される、日本人好みの物語だ。

白石稲荷山古墳

Course No.

3

山名▶丹荘

上野国の古墳群を眺めながら歩く

歩行距離 約21.5km

約5時間30分

歩数 約2万8700歩

Start 山名駅
上信電鉄

▼

1 光台寺

▼

3 七輿山古墳

▼

4 藤岡歴史館

▼

8 葵八幡

▼

9 土師神社

▼

11 阿保神社

▼

Goal 丹荘駅
ＪＲ八高線

30
Start
山名駅
173
1 光台寺
西山名駅
上信電鉄
セブンイレブン
上越・北陸新幹線
17
鏑川橋
北藤岡駅
2 伊勢塚古墳
ローソン
鏑川
ドライブイン七興
3 七輿山古墳
宗永寺
藤岡インター
4 藤岡歴史館
上信越自動車道
5 白石稲荷山古墳
牧場や広大な野菜畑を眺めながら歩く
6 吉良上野介陣屋跡井戸
八高線
鮎川
254
7 千部供養塔
群馬藤岡駅
緑埜クリーンセンター
緑埜橋
平井城址公園
北野神社
茂木歯科医院
鎌倉街道歩きにこだわらないなら、ここから丹荘駅に向かってもよい
庚申山公園
白山神社
藤岡市民体育館
庚申山
白山神社の手前からゆるやかな上り坂が始まる
10 本郷埴輪窯跡
鎌倉坂
踏切を渡る
藤武橋
光病院前
藤岡モータースクール
長浜
龍田寺
光病院
9 土師神社
農業用水の溜池がある角を曲がる
13
伝説では葵御前を運んでいた牛がこの坂で骨折したという
かんな川水辺の楽校
11 阿保神社
安保氏館跡
8 葵八幡
B&G海洋センター
12
高橋記念公園
出雲神社
神流川
Goal
丹荘駅
N
神川町役場
0
1km

鎌倉時代の旅人も見た古墳群のある風景

山名地区の鎌倉街道は2つのルートがあった。1つは山名八幡宮から山本宿を経て、鏑《かぶら》川の西岸を下り、岩井地区から緑埜《みどの》へ抜ける。もう1つは現在の鏑川橋近くにあった猫石から鏑川を渡り、古墳群を経て緑埜に至る。本書は少し欲張って、2つのルートを組み合わせる。

山名駅から歩き始め、県道30号・173号をつなぐと10分ほどで❶光台寺に着く。高崎市内では少ない時宗の寺で、江戸時代は境内でタバコを栽培し、将軍家に献上した。

鏑川橋を渡ると、このコースの見どころである古墳群が始まる。最初の❷伊勢塚古墳は石室の内部を見ることができる。入口は狭く、ライトも必要だが、大小の石を組み合わせた模様積みは息をのむほど美しい。続く❸七輿山《ななこしやま》古墳は規模の大きさに驚く。6世紀の前方後円墳では東日本最大級というのも納得だ。

❹藤岡歴史館で古墳の出土品を見た後、❺白石稲荷山古墳の墳丘を上ると古墳群も一段落。広大な畑を横切り❻吉良上野介陣屋跡井戸に向かう。『忠臣蔵』では敵役にされたが、地元では名君として人気がある。国道254号を渡り、民家の間を斜めに走る左側の小道に入る。この道が岩井地区から来る鎌倉街道で、沿道に道標や道祖神が立つ。

上信越自動車道の高架をくぐると一面の田んぼになり、街道は途切れてしまうが、昔は鮎川を越えて庚申山へ向かった。❼千部《せんぶ》供養塔を経て、緑埜橋を渡り、2つ目の分岐を左折。北野神社を左に見て、道なりに歩くと、茂木歯科医院の先で広い通りに出る。左に曲がると、正面に庚申山が見える。しばらく上り坂が続くので、頑張りどころだ。峠を越えて県道13号に出ると、光病院近くにバス停があり、群馬藤岡駅に出られる。

この先、鎌倉街道は神流《かんな》川を渡るのだが、県道13号の東側も農地になり、街道の面影はない。木曽義仲の側室・葵御前の語り伝えがある❽葵八幡まで歩くと神流川はすぐ。「かんな川水辺の楽校」の親水広場に寄れば、せせらぎが見られる。鎌倉武士ならば、神流川の浅瀬を渡るのだが、北へ歩いて❾土師《どし》神社、❿本郷埴輪窯跡に立ち寄りながら藤武橋を渡る。

神流川の渡河地点は不明だが、対岸からの道筋を考えれば「B&G海洋センター」辺りと思われる。藤武橋からの道中に⓫阿保神社、⓬安保氏館跡があるので、寄り道してもいい。センターから丹荘《たんしょう》駅までは30分ほどだ。

地蔵菩薩の現世利益にすがった 500年以上前の線刻地蔵が残る

1 光台寺《こうだいじ》

正慶2年（1333）に時宗の遊行・一鎮（いっちん）上人が開いた寺。本堂前の堂舎には安山岩の一面を平に加工して地蔵菩薩を線彫りした石仏が治められている。南北朝以来の混乱が続く頃に建てられているので、戦からの無事帰還を祈願したと考えられる。

群馬県高崎市山名町310

堂舎の中に高崎市指定重要文化財の線刻地蔵菩薩立像石仏がある

時代を感じる鐘楼。山門には山名氏の屋敷跡と書かれた案内板が立つ

石室の入口を見ても石積みの美しさが伝わってくる

ドーム状になった石室 模様積みは一見の価値あり

2 伊勢塚古墳《いせづかこふん》

6世紀後半に造られた古墳。石室の石積みが特徴的で、珪岩質の大きな石を所々に配して、その間に棒状の石をぎっしり詰め込む模様積みになっている。石室内の見学ができるが照明がないので、懐中電灯を持参するとよい。

墳丘は直径27.2m、高さ6mで、2段に築かれている

墳丘には五百羅漢像が並ぶが、江戸時代後半に起きた村の争いで首がもがれてしまった

春は墳丘がピンクに染まる 桜の名所としても有名

3 七輿山古墳《ななこしやまこふん》

伝説では奈良時代の役人・羊大夫は、朝廷から謀反の疑いをかけられ、都から派遣された討伐軍と籠城して戦ったが自害する。残された7人の姫らは輿（こし）に乗ってここまで逃げて来たが、力尽きて共に自害した。7人の姫を輿ごと埋葬したので「七輿山」といわれるようになったという。

全長150m、前方部と後円部の高さは16mあり、墳丘は上ることができる

七輿山古墳で出土した7条突帯（とったい）の円筒埴輪（右）は珍しく、ヤマト政権との強い関係が推察できる

宗永寺の墓地を整地する際に
出土した舟形石棺。
凝灰岩をくり抜いている

白石古墳群の出土品が集合
古墳を知れば楽しく歩ける

④ 藤岡歴史館《ふじおかれきしかん》

藤岡市の埋蔵文化財収蔵庫。常設展示室では白石稲荷山古墳、七輿山古墳を中心とする白石古墳群の出土品をはじめ、本郷埴輪窯や猿田埴輪窯の埴輪、縄文・弥生時代の石器や土器などを見学できる。企画展も定期的に開催。

9時～17時／無休／常設展無料／群馬県藤岡市白石1291-1／☎0274-22-6999

右／市内の文化財を保存、管理するほか、体験学習や講習会なども行う
左／屋外に再現された古墳時代後期（6世紀後半）の竪穴式住居

墳丘の頂上に立つ稲荷山古墳碑。かつては稲荷神社があり、名前の由来になった

豪族の館と思われる
家形埴輪の出土で知られる

⑤ 白石稲荷山古墳《しろいしいなりやまこふん》

5世紀前半に造られた前方後円墳で、自然の地形を上手に使っている。全長約155m、墳丘は3段で、上段と中段の斜面には葺き石、各段の平面には埴輪が巡っていた。昭和8年（1933）の調査で有名な家形埴輪が出土した。

井戸水は毎月1回赤く濁るため、
飲料水には使われなかったとか

実は名君だった吉良上野介
その誕生地がここ

⑥吉良上野介陣屋跡井戸

きらこうずけのすけじんやあといど

江戸時代、藤岡市白石地区は吉良氏の領地で陣屋が置かれた。一説では、吉良義冬（よしふゆ）の正室が伊香保温泉での湯治から戻り、この地で、後に『忠臣蔵』で知られることになる吉良上野介義央（きらこうずけのすけよしなか）を生んだといい、産湯の井戸が残されている。劇中では憎まれ役だが、領民には名君と慕われ、この地での『忠臣蔵』の興業は禁物とされた。

群馬県藤岡市白石780

庚申山の坂を上ると右側に
自動車教習所があり、車道
の脇に鎌倉坂（通称）がある。
鎌倉街道はこの坂を通って
いたが、現在は通行できない

安山岩を使った角柱で、高さ80cm、
幅31cm、厚さ21cmある

体験者だから書き残せた
浅間山大噴火の克明な記録

⑦千部供養塔

せんぶくようとう

天明3年（1783）に発生した浅間山大噴火の様子と、降灰による凶作で諸物価が高騰した状況などを記した供養塔。噴火の9年後に旗本・松平忠右衛門の代官だった斎藤八十右衛門雅朝（まさとも）によって建てられている。

群馬県藤岡市緑埜164

大きな桜の根元に鎮座する
葵御前を供養するための社

8 葵八幡《あおいはちまん》

伝説によると、木曽義仲の側室・葵御前は源頼朝の追っ手から逃れ、この地まで来たが不運が重なり斬り殺されてしまう。哀れに感じた村人は祠を建て供養したのが始まりという。社殿の両脇に2基の板碑がある。

群馬県藤岡市本郷

上／畑の中に立つ桜が目印。橋の下で麻疹にかかった乳香児を抱いていたので、橋をくぐらせると麻疹完治に御利益があったという
左／社の両側に立つ2基の板碑は葵御前の塔婆ともいわれる

日本三辻に数えられた
土師の辻が残る

9 土師神社《どしじんじゃ》

相撲の祖である野見宿禰(のみのすくね)を祀り、境内には「土師の辻」と呼ばれる相撲の土俵がある。江戸時代にはこの土俵で出世力士の奉納相撲が行われた。野見は埴輪造りの祖でもあり、この地が埴輪生産地であるため、祀られたと考えられる。

群馬県藤岡市本郷164

上／土師の辻は幕内力士だけが上がれた
下／中央を通り抜けできる割拝殿

全長約10m。傾斜30度の焼成部を持つ登り窯だった

広範囲の古墳群に
埴輪を供給した

10 本郷埴輪窯跡《ほんごうはにわかまあと》

神流川西岸の河岸段丘を利用して造られた埴輪窯跡で、人、馬、家、大刀などの埴輪が出土した。昭和18年(1943)と翌19年の発掘調査で2基の窯跡が見つかり、状態の良い1基を上屋で保護した。ガラス越しに窯跡が見られる。

大己貴命（オオナムチノミコト）をはじめ、六柱を祭神とする

鳥居脇にそびえる
ケヤキの大木が目印

⑪阿保神社《あぼじんじゃ》

江戸時代の地誌『武乾記（ぶかんき）』には、奈良時代の武蔵国司・阿保人上（あぼのひとかみ）が創建し、その後に安保氏の祖・安保実光（あぼさねみつ）が六所明神を合祀したと記されている。明治時代に字内の神社が遷され、明治43年（1910）に阿保神社と改称した。

埼玉県児玉郡神川町元阿保1

B&G海洋センターから丹荘駅に向かう農道に石塔が並んでいる

柵内の「安保氏遺蹟之碑」は嘉永元年（1848）に建てられている

江戸時代の石碑が立つ
安保氏総領家の館跡

⑫安保氏館跡《あぼしやかたあと》

安保氏は武蔵七党の一つ丹党（たんとう）に属す北武蔵の豪族で、鎌倉幕府の有力御家人・安保実光を祖とする。安保氏館跡は総領家の居住地と伝わり、昭和63年（1988）と平成4年の発掘調査で外堀と内堀の一部、建物跡などが見つかっている。

埼玉県児玉郡神川町元阿保176

ひと足延ばして ここもチェック！

❖平井城《ひらいじょう》

足利尊氏が京都に開いた室町幕府は、鎌倉府という行政機関を新設して、関東と東北を治めようとした。その補佐役が関東管領で、足利氏と親戚関係にあった上杉氏が代々務めた。鎌倉府の長官は鎌倉公方と呼ばれた。

ところが、鎌倉府と幕府は次第に不仲となり、幕府寄りの上杉氏とも対立する。ついに上杉氏は鎌倉を脱出。上野国に居城の平井城と山城の平井金山城を築いて鎌倉府に対抗した。その後、鎌倉府は崩壊するが、上杉氏は4代・顕定が平井城を大改修し、多くの支城を従えて、関八州をまとめていく。

平井城下では「市」が頻繁に行われていたが、上杉氏も一族の争いで衰退し、最後は小田原北条氏との戦で落城。長尾景虎（上杉謙信）が8代上杉憲政の頼みで取り戻すが、居城にしなかったため廃城となる。現在、平井城主郭跡は平井城址公園として整備され、土塁や堀などが復元されている。

群馬県藤岡市西平井

関東管領や平井城の歴史をわかりやすく解説する案内板

「上杉氏一族之碑」と記された石碑。園内には石仏などもある

公園を一度出て裏側にまわると復元した空堀と橋が見られる

美里町駒衣地区の鎌倉街道

Course No. 4

丹荘▶用土

宿場の趣が残る児玉宿をぶらり

歩行距離 約18.6km

約4時間40分

歩数 約2万4800歩

Start 丹荘駅
ＪＲ八高線

▼

1 **龍清寺**

▼

4 **雉岡城跡**

▼

8 **八幡神社**

▼

9 **玉蓮寺**

▼

10 **さらし井**

▼

12 **伝大伴部真足女遺跡**

▼

Goal 用土駅
ＪＲ八高線

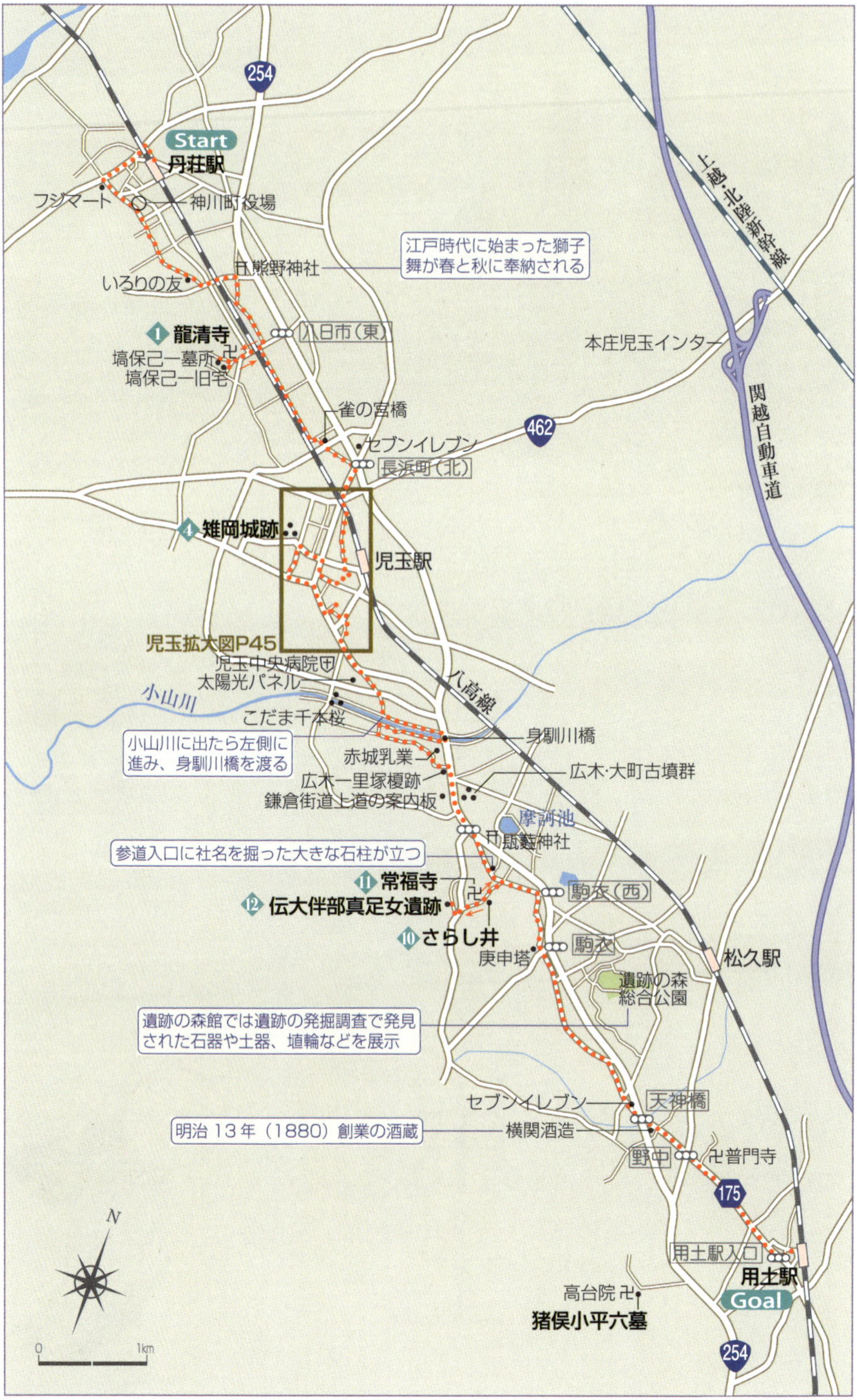
254
Start
丹荘駅
フジマート
神川町役場
江戸時代に始まった獅子舞が春と秋に奉納される
熊野神社
いろりの友
上越・北陸新幹線
本庄児玉インター
関越自動車道
1 龍清寺
八日市(東)
塙保己一墓所
塙保己一旧宅
雀の宮橋
セブンイレブン
462
長浜町(北)
4 雉岡城跡
児玉駅
児玉拡大図P45
児玉中央病院
太陽光パネル
小山川
こだま千本桜
八高線
身馴川橋
小山川に出たら左側に進み、身馴川橋を渡る
赤城乳業
広木・大町古墳群
広木一里塚榎跡
鎌倉街道上道の案内板
摩訶池
瓺𦼮神社
参道入口に社名を掘った大きな石柱が立つ
11 常福寺
駒衣(西)
12 伝大伴部真足女遺跡
10 さらし井
駒衣
庚申塔
松久駅
遺跡の森総合公園
遺跡の森館では遺跡の発掘調査で発見された石器や土器、埴輪などを展示
セブンイレブン
天神橋
明治13年(1880)創業の酒蔵
横関酒造
野中
普門寺
175
用土駅入口
用土駅
Goal
高台院
猪俣小平六墓
254
N
0
1km

国道に付かず離れず のどかな街道が続く

赤茶色の屋根瓦に白い板壁の昭和レトロな丹荘駅を出発。左側の踏切を渡り、「フジマート」が立つ信号を左折する。「いろりの友」(特別養護老人ホーム)を過ぎたら左に曲がり、踏切を渡ると熊野神社に着く。この辺りは八日市という地名で、毎月8の付く日に市が立ったことが名前の由来だ。熊野神社が立つ十字路を右に入り、最初の踏切を渡って❶龍清寺、塙保己一《はなわほきいち》旧宅を見学。踏切を渡り直して、国道462号まで往く。

国道を右に曲がり、JR八高線の高架をくぐると三叉路になるので、左へ進む。いかにも旧街道といった感じの狭い道なので注意したい。

ここから10分ほどで、児玉駅から伸びる県道191号に出る。鎌倉街道は玉蓮寺の東側を通り、町の中には入らないが、❷競進社模範蚕室、❸久米六の井戸、❹雉岡城跡、❺塙保己一記念館、❻実相寺、❼玉蔵寺、❽八幡神社、❾玉蓮寺と見どころが多い。少し時間をとって巡っていこう。

児玉中央病院を右に見て県道175号を進み、たくさんの太陽光パネルが右側にあるY字路を右に入る。住宅地を通り抜け、さらに進むと小山川にぶつかる。左側の身馴川《みなれがわ》橋《ばし》で迂回するので、対岸に目星を付けておく。対岸に渡り、赤城乳業の工場を回り込んで、国道254号に出ると右側に広木一里塚榎跡がある。昔は樹齢300年の榎が立ち、旅人の目印にされた。

そのまま国道を進むと、左側の麦畑にモグラ塚のような土山がいくつも見える。これは6世紀中期から7世紀に造られた古墳で、広木・大町古墳群という。

初見ではまず読めない難読漢字の瓺𦼮《みか》神社入口を過ぎ、しばらく歩くと志戸川に出る。鎌倉街道は名無しの橋を渡り直進だが、ここでまた寄り道。右折して、川沿いを歩くと『万葉集』に関連する❿さらし井や⓬伝大伴部真足女《でんおおともべのまだりめ》遺跡、児玉三十三霊場の札所である⓫常福寺などが見られる。

志戸川に戻り、橋を渡る。住宅地を抜けると左から国道が近づくが、駒衣(西)交差点の手前で右に曲がり、国道から離れる。この分岐は少しわかりづらいが、現代の道標も立つので迷うことはない。この先、庚申塔や石仏が沿道に立ち、車の交通量も少ない快適な道が待っている。

天神橋交差点で国道254号を渡ったら、酒蔵の横関酒造を右に見て、県道175号に入る。ゴールの用土駅までは30分ほど。ほぼ一本道なので迷うことはない。

塙保己一の生家に近く、幼少の保己一がよく遊びに来たという

風雨に負けずそそり立つ
カヤの大木に感動する

1 龍清寺《りゅうせいじ》

境内でひと際目を引く大木・飛龍之榧(ひりゅうのかや)は、300年前に中興の祖が「旅先で己の聖地と思える場所に植えよ。霊木となりその地を救おう」と師僧から種を手渡され、植えたものという。

埼玉県本庄市児玉町保木野387

斜めに伸びる樹形は名前の通り大空を飛翔する龍神のようだ

田園地帯を歩き、八高線を越える道路の下を行けば雀の宮橋がある

塙保己一の墓所。江戸にあった塙保己一の墓を改葬する際に、墓の土を持ち帰り墓所とした

茅葺き屋根の塙保己一旧宅

右／館内に残された蚕棚。養蚕に関する道具なども展示する
左／高窓は換気のため。希望すればスタッフが１階を案内

優れた養蚕技術を広め
絹産業発展に貢献した

2 競進社模範蚕室《きょうしんしゃもはんさんしつ》

「一派温暖育」という蚕の飼育法を考案した木村九蔵が児玉養蚕伝習所内に明治27年(1894)に建てた養蚕施設。炭火の火力で蚕室の湿気を取り除き、病蚕を防ぐのが特徴で、煉瓦積みの炉や高窓(たかまど)など、随所に工夫が施されている。

9時～16時30分／月曜(祝日の場合は翌日)休／入館無料／埼玉県本庄市児玉町児玉2514-27／☎0495-71-1121(競進社模範蚕室)

久米六の井戸は、競進社模範蚕室に隣接する駐車場の一角に残されている

児玉時国を祖とする
久米家ゆかりの井戸

3 久米六の井戸《くめろくのいど》

日蓮聖人に帰依した児玉時国は、聖人から久米の姓を与えられる。その後、天正年間（1573～1592）から代々の当主は六右衛門を引き継いだため、久米六とも呼ばれた。久米家の屋敷にある井戸だから「久米六の井戸」。

交通の要所を抑えるため
上杉氏、北条氏が重視した

4 雉岡城跡《きじがおかじょうあと》

関東管領上杉氏が長禄元年（1457）に築城。当時、上杉氏は下総古河城の足利成氏（なりうじ）と争っており、交通の要所である児玉宿を抑えて前線の兵站（へいたん）を確保しようとした。その後、戦国時代に小田原北条氏が大改修を行ったが、天正18年（1590）に秀吉の小田原攻めで落城している。

埼玉県本庄市児玉町八幡山446

現在、大手門付近と本丸の一部などが整備され公園になっている

身重の女中が井戸に放り込まれ、大小2つの石になったという夜泣石

夜泣石の近くの水堀。このほか、土塁や空堀も見られる

雉岡城跡に立つ騎馬像

館内には『群青類従』の版木、
生涯大切にした巾着など、
貴重な品々を展示

文学、史学の学術研究に
大きな貢献を果たした

5 塙保己一記念館《はなわほきいちきねんかん》

江戸時代に現在の児玉町で生まれた国学者・塙保己一の遺品や関係資料を展示する。保己一は盲目ながら40数年の歳月をかけて、古代から江戸時代までの国書を25項目に分類、編纂した史料集成『群青類従（ぐんしょるいじゅう）』正編666冊を完成させた。

9時～16時30分／月曜（祝日の場合は翌日）休／入館無料／埼玉県本庄市児玉町八幡山368 アスピアこだま内／☎0495-72-6032

本尊の阿弥陀三尊。
脇侍の仕草が柔らかく女性的な印象を受ける

塙保己一生家の菩提寺で、
堂内には保己一の位牌がある

鎌倉時代作と伝わる
阿弥陀三尊像に目が釘付け

6 実相寺《じっそうじ》

延久2年（1070）の開創。延徳2年（1490）には雉岡城主・夏目定基（さだもと）が帰依し、現在地に移って恵心僧都（えしんそうず）作の阿弥陀三尊像を安置した。本堂前に文永2年（1265）造立の阿弥陀一尊種子板碑がある。

埼玉県本庄市児玉町児玉100

釘を一本も使わずに建てた木造の山門。2度の火災からも焼失を逃れた

宿場の風情が残る児玉地区。江戸時代は川越・児玉往還の宿場として賑わった

約560年前に建てられた
木造の山門が素晴らしい

7 玉蔵寺《ぎょくぞうじ》

康永年間(1342〜1345)に新田義貞の鎌倉攻めなどで戦死した児玉党を弔うため、救世観音を安置した堂舎が始まり。関東管領上杉氏が雉岡城の築城をする際、現在地に移転した。現在の本尊は延命地蔵で、運慶作と伝わっている。

埼玉県本庄市児玉町児玉196

県道175号沿いに江戸時代の高札場が立つ。高さ3m、建材は杉を使用

上／ケヤキの古木をはじめとする豊かな社叢林(しゃそうりん)が残る
右／拝殿は享保7年(1722)再建。当代の名工が手がけた彫刻が見事

源頼義・義家父子に始まり
多くの武将に崇拝された

8 八幡神社《はちまんじんじゃ》

永承6年(1051)に奥州征伐に向かう源頼義・義家が斎場を築き、京都の石清水八幡宮を遙拝して戦勝祈願した。平定後、義家が祈願成就の礼に社殿を建て、男山八幡宮を勧請した。児玉党をはじめ、歴代の領主も崇敬している。児玉町の鎮守。

埼玉県本庄市児玉町児玉198

衣冠束帯(いかんそくたい)の矢大神と左大神を安置した宝暦6年(1756)築の随神門

日蓮聖人が屋敷に上がる前に足を洗ったと伝わる御足洗井戸

日蓮聖人に帰依した児玉時国の屋敷跡

9 玉蓮寺《ぎょくれんじ》

児玉党の領主・児玉時国が自らの館を廃して建てた日蓮宗の寺。佐渡流罪になった日蓮聖人は鎌倉街道で佐渡に向かい、この地では時国の館に泊まった。罪を許され、鎌倉へ戻る際にも立ち寄り、時国は日蓮聖人に帰依したという。

埼玉県本庄市児玉町児玉203

境内には2019年に改修した本堂、日朝堂、清正堂、鐘楼などが立つ

広木一里塚榎跡。通りを挟んだ芝生には馬頭観音や石碑が並ぶ

かつては女性たちが恋愛や悩みなどを語り合う社交場でもあった

瓺𤭖(みか)神社の瓺𤭖は酒造りに使われる甕のこと。例祭では清酒を奉納する

摩訶池は灌漑用の溜め池ながら打ちっぱなしゴルフ練習場にもなっていて、水面にグリーンが浮かんでいる

粉木《ねりぎ》川沿いの岩に囲まれた井戸

10 さらし井《さらしい》

織布(しょくふ)を洗いさらすのに使われた井戸。奈良時代、その布は調庸布(ちょうようふ)として朝廷に献納されたという。『万葉集』の中に「三ツ栗の中にめぐれる曝井(さらしい)の絶えず通わんそこに妻もが」という恋歌がある。

埼玉県児玉郡美里町広木1407

平安時代の阿弥陀如来
百体観音で知られる

⑪ 常福寺《じょうふくじ》

天平年間（729～749）に領主の檜前舎人石前（ひのくまのとねりいわさき）が創建したと伝わる。戦国時代に武田氏と小田原北条氏の戦いで堂宇を焼失。後に北条氏邦（うじくに）が再建した。平安時代の阿弥陀如来像は美里町の有形文化財に指定。

埼玉県児玉郡美里町広木1375

本堂は宝暦3年（1753）築で、昭和57年（1982）に大修理された

庫裏の前に立つ長屋門。境内の観音堂には百体観音を安置する

お耳拝借 2

❖ 猪俣小兵六墓《いのまたこへいろくはか》

高台院の本堂へ上がる坂の分岐を左側に進むと、武蔵七党の1つ猪俣党主の墓がある。猪俣小兵六範綱（のりつな）は、源義朝に仕えて軍功を立て、義朝十七騎に数えられた。源頼朝にも従って一ノ谷や壇ノ浦で活躍している。建久3年（1192）に死去。

夏には猪俣氏一族を慰霊する「猪俣の百八燈」が行われる

o m i m i h a i s y a k u

万葉集に掲載された
防人の歌ゆかりの地

⑫ 伝大伴部真足女遺跡《でんおおともべのまだりめいせき》

檜前舎人石前の館跡と伝わるが、地元の人に聞くときは、妻の名前を冠した「伝大伴部真足女遺跡」の方がわかりやすい。遠地に赴任する夫との惜別の情を詠んだ、彼女の歌が『万葉集』の防人（さきもり）の歌として掲載されている。

長方形の石碑には大伴部真足女の歌がひらがなで刻んである

❖日蓮《にちれん》

玉蓮寺の日蓮像。鎌倉街道では日蓮像に出会うことも多い。寺により表情や仕草が違うので注目してみよう

鎌倉時代に日蓮宗を開宗した日蓮ほど、激動の人生を過ごした僧侶はいない。生涯４度の迫害を受けながらも布教を続けた日蓮の教えとは……。

日蓮宗の開祖・日蓮聖人（以下日蓮）は貞応元年（1222）に安房国の漁師の子として誕生した。地元の清澄寺で出家して是聖房蓮長（ぜしょうぼうれんちょう）の僧名を授かった後、鎌倉へ遊学。さらに比叡山の浄光院を拠点に奈良、京都、高野山などで諸宗を学び、人々を救う釈迦の真の教えは『法華経（ほけきょう）』であると確信する。建長5年（1253）、安房国に戻り日蓮宗を開宗。僧名も日蓮に改めた。

日蓮の教えは「南無妙法蓮華経（なむみょうほうれんげきょう）」の題目を繰り返し唱えることで、誰もが持っている仏の心が呼び覚まされ、あの世ではもちろん、この世でも救われると説いた。さらに、日蓮は『法華経』のみを唯一無二の教えとし、他の教えは一切を否定した。他宗からは反感を買うのは当然のことで、日蓮は数々の苦難に見舞われることになる。

佐渡流罪になり 鎌倉街道上道を歩く

日蓮は生涯で4度の大きな迫害を受ける。その1つが50歳の時に起きた「龍口法難（りゅうこうほうなん）」だ。日蓮が幕府へ、「法華経を信じないと、やがて国が滅ぶ」と説いた『立正安国論』を提出したことから、他宗や武家の怒りを買い佐渡流罪が決まる。しかし、日蓮を嫌う武士は独断で抹殺を企てる。鎌倉の龍口処刑場で、まさに斬首される瞬間、江の島辺りから光の球が飛んできて処刑は中止されたという。

かくして、佐渡流罪となった日蓮は鎌倉街道上道を北上して佐渡に向かう。道中、日蓮が立ち寄り、教えを説いたことで、武家が帰依したり、他宗の寺が日蓮宗に改宗したりしている。

文永11年（1274）、53歳のときに3年間の佐渡流罪を解かれ、鎌倉に戻った日蓮は、幕府へ3度目の諫言（かんげん）を行うが受け入れられず、身延山（山梨県）の領主に招かれて草庵を結ぶ。日蓮宗の総本山・身延山久遠寺の始まりだ。弘安5年（1282）に病気療養で常陸国（茨城県）へ向かう途中、武士の池上宗仲邸（現池上本門寺）で容体が急変。61歳の生涯を閉じた。

日蓮が立ち寄ったことで日蓮宗に改宗した宏善寺（P118参照）

玉蓮寺（P48参照）の御足洗井戸。日蓮が足を洗ったと伝わる

普光寺東側の鎌倉街道

Course No. 5

用土▼男衾

鎌倉武士の鑑《かがみ》・畠山重忠が登場！

歩行距離 約18.6km

約4時間40分

歩数 約2万4800歩

Start 用土駅
ＪＲ八高線

▼

2 用土城址

▼

3 於茶々が井戸

▼

4 川端宝篋印塔

▼

5 畠山重忠公史跡公園

▼

8 普光寺

▼

9 出雲乃伊波比神社

▼

Goal 男衾駅
東武東上線

N
0
1km
254
用土駅入口
Start
用土駅
1 諏訪神社
2 用土城址
寄居用土局
鎌倉街道踏切
ローソン
蓮光寺
庚申塔·石仏
八高線
175
関越自動車道
寄居城北高
常光寺
八幡神社
桜沢駅
原宿
横断歩道がなく交通量が多いので、玉淀大橋側の陸橋を渡る
線路を渡る
玉淀大橋
254
小前田駅
3 於茶々が井戸
ヤマダ電機
ホテルMOMA
埼玉県立川の博物館
東武東上線
140
秩父鉄道
296
道の駅はなぞの
トイレ休憩や食事を取るのに便利。国道沿いに飲食店も多い
140
花園消防署
テニス·サッカー場
ハナホテル花園インター
4 川端宝篋印塔
ふかや花園駅
木の下に多聞天や石仏などが集まっている
右側の分岐に進み、工場を回り込んで下りる
花園橋
荒川
永田駅
Goal
男衾駅
花園インター
川越岩
獅子岩
八幡塚由来碑
出雲乃伊波比神社
9
セブンイレブン
現代の鎌倉街道道標
花園橋(南)
汚泥再処理センター
重忠公園前
ひろひろ美容室
アイリスオーヤマ
81
5 畠山重忠公史跡公園
6 満福寺
7 井椋神社(鶯の瀬碑)
8 普光寺
現代の鎌倉街道道標
鎌倉街道の雰囲気が残る樹林の急坂を登る

踏切、石仏、祠などに鎌倉街道を感じて歩く

ICカード乗車券の読み取り機が付いた無人改札にプラットホームのトイレ。改札外には円形の待合室があるだけ。今回のスタート地点・用土駅もなかなか個性的だ。

駅から直進して、用土駅入口交差点のすぐ左側にある❶諏訪神社を参拝。鎌倉街道はそのまま県道175号を南下するが、❷用土城址に寄り道してみる。ポツンと石碑が立つのみだが、築城した武将を知るきっかけになった。

県道に戻り、南下を始める。しばらくは単調な県道歩きになるが、周囲を見回せば踏切の名前が「鎌倉街道踏切」であったり、民家の石垣の上や畑の端に庚申塚や馬頭観音が鎮座していたり。改めて鎌倉街道を歩いていることが実感できる。この日は秩父鉄道の踏切で、SLパレオエクスプレスとすれ違うご褒美もあった。

いつの頃かは不明だが、鎌倉街道にも、旅人の心を騒がすスポットがあった。国道140号（バイパス）を越え、荒川へ下る坂道の左側にある❸於茶々が井戸がそれだ。なんでも、この場所に於茶々という美人が働く茶店があり、この看板娘を目当てに立ち寄る旅人で繁盛したらしい。

バイパスに向かい、最初の十字路を右折。バイパスと付かず離れず50分ほど歩くと県道296号に面して❹川端宝篋印塔がある。鎌倉街道はもう少し川下に進んで、川越《かわこし》岩を目安に荒川を渡ったようだが、現在、荒川の北岸は工場になっているため断念。県道296号を右に進んで、花園橋を渡る。

荒川の南岸も開墾されて、風景は様変わりしたが、街道はここを通って、普光寺の東側を抜けていった。川岸で獅子岩を見て、汚泥再生処理センターの前を左へ。すぐ右側の坂を上がると普光寺に出られるが、そのまま直進する。往復1時間ほどのプラスになるが、鎌倉武士の代表格・畠山重忠の故郷が目的地となれば納得だろう。❺畠山重忠公史跡公園、❻満福寺、❼井椋《いぐら》神社（鶯の瀬碑）と見どころも多い。

先ほど見送った坂道まで戻り、改めて上る。ちょっとした樹林になっていて、鎌倉街道の雰囲気が味わえる。県道81号に出たら、左へ200mほど進み、民家の手前を右折。畑の中を抜けると先代住職が建てた「史跡鎌倉街道上道」の標柱があり、右折すると❽普光寺に到着する。

参拝後、県道81号に戻り、左へ進む。❾出雲乃伊波比神社から600mほど先の信号を左に曲がると、10分ほどでゴールの男衾《おぶすま》駅に着く。

北条氏に従属した
藤田康邦の隠居城

❷ 用土城址《ようどじょうし》

天文15年（1546）の河越夜戦の後、小田原北条氏に従った武将・藤田康邦（やすくに）が隠居所として築いたと伝わる。その後、藤田氏は用土新左衛門を名乗った。「用土城址」の碑は寄居町農業ふれあいセンター前の小さな公園にある。

埼玉県大里郡寄居町用土内

漢詩を刻んだ「用土城懐古」の石碑。
平成24年に建立された

用土城址の碑はブランコなどの遊具がある公園の中にある

鳥居の奥に見える拝殿は明治29年（1896）築。
建物は平成13年に改修した

驚きの声と笑いが響く
毎秋の獅子舞で知られる

❶ 諏訪神社《すわじんじゃ》

応和年間（961～964）の創建。慶長年間（1596～1615）に現在地へ。毎年10月に奉納される「獅子舞」は男獅子2頭と女獅子1頭が笛や太鼓の音に誘われて勇壮に舞い、観衆から飛び入りした戯（おど）けた面の道化が笑いを誘う。

埼玉県大里郡寄居町用土1695

用土駅から県道へ進み、八高線の踏切を渡る。
踏切の名前は、なんと鎌倉街道踏切！

県道沿いの蓮光寺参道入口に庚申塔や石仏などが横一列に並んでいる

秩父鉄道のSLパレオエクスプレスは、3～12月の土・日曜と祝日に1日1往復する

於茶々が井戸から川端宝篋印塔への道中で出会った薬師如来像など

左／石造の宝篋印塔は、鎌倉時代中期から全国に広まった。5～6個の部材を重ねている
下／堂舎の前には、由来と清和源氏の系譜を示した碑が立つ

民家の敷地から出土した
室町時代の貴重な石塔

4 川端宝篋印塔《かわばたほうきょういんとう》

江戸時代に民家が井戸を掘ると不完全の宝篋印塔が出土した。後年、県道工事があり教育委員会が調査したが、残りの部分は見つからず2基の塔に組んで覆屋を設けた。塔は延文3年（1358）に岩松氏が造立したという。

埼玉県深谷市荒川

常光寺の参道では石仏が微笑み、瓦を重ねた美しい築地塀が続く

旅人の喉の渇きを癒やした
鎌倉街道の茶店跡

3 於茶々が井戸《おちゃちゃがいど》

語り伝えでは茶店があり、美人の看板娘・於茶々が働いていたことから「於茶々が井戸」と呼ばれるようになった。井戸の水を汲み干すと雨が降るともいわれ、干害に苦しむ年は村人総出で水を汲んだという話も伝わる。

埼玉県大里郡寄居町保田原

別説では看板娘は「ちょう」という名前で、「お茶屋の井戸」が転じたとも

屋根の下が産湯の井戸。現在は金網が張られ使用されていない

清廉潔白な人生を貫いた
畠山重忠の歴史はここから

5 畠山重忠公史跡公園《はたけやましげただこうしせきこうえん》

鎌倉幕府の重臣・畠山重忠の父親で、畠山氏の祖となる重能（しげよし）が築いた畠山館跡。重忠はここで誕生したと伝わり、産湯の井戸もある。愛馬を背負う重忠像の奥に立つ覆屋には6基の五輪塔が安置され、中央の大きな塔が畠山重忠の墓といわれる。

埼玉県深谷市畠山510-2

この中に6基の五輪塔がある。
近くに百回忌供養の板石塔婆、芭蕉の句碑も立つ

朱塗りの山門。近くには近年建立された
真新しい双体道祖神がある

畠山館の鬼門に開かれた
真言宗豊山派の古刹

6 満福寺《まんぷくじ》

平安時代の創建。その後、畠山重忠が寿永年間（1181～1184）に再興して菩提寺とした。本堂は寛政4年（1792）の再建で、欄間に徳川家康が好んだ逸話などの彫刻が施されている。観音堂には重忠と等身大の千手観音立像が祀られる。

埼玉県深谷市畠山931-1

畠山重忠の位牌は複数あるが、この寺のものはその中でも屈指の大きさだ

秩父平氏の守護神を
秩父から勧請した古社

7 井椋神社《いぐらじんじゃ》(鶯の瀬碑《うぐいすのせひ》)

畠山氏が秩父からこの地へ進出する際に、秩父市の椋(むく)神社を勧請した。神社の北側を流れる荒川の瀬は、畠山重忠が増水で困っていると一羽のウグイスが飛んできて、美しい声で鳴いて浅瀬を教えたという伝説があり「鶯の瀬」と呼ばれている。

埼玉県深谷市畠山942

上／祭神は猿田彦大神（サルタヒコノオオカミ）ほか4柱。境内に源氏の白旗を祀る白旗神社もある。右／鶯の瀬碑は平成11年に建立

本堂前の板碑と五輪塔。中央の五輪塔は大同４年（８０９）の銘がある

「塚田の大師さま」と
地元の人々から親しまれる

8 普光寺《ふこうじ》

1200年以上の歴史を持つ天台宗の寺。本堂前の小屋には50基以上の板碑と五輪塔が見られる。板碑は昭和8年(1933)に旧境内地から出土した。最古の板碑は文永2年(1265)の銘があり、鎌倉街道で行き倒れになった旅人を供養したものと思われる。

埼玉県大里郡寄居町赤浜620

本堂には平安時代の仏像彫刻様式である定朝様(じょうちょうよう)の薬師如来像を安置

祭神は須佐之男命（スサノオノミコト）ほか8柱を祀っている

江戸時代に植樹された
境内の杜が美しい

9 出雲乃伊波比神社《いずものいわいじんじゃ》

『延喜式』に記載される古社。荒川近くに祀られていたが洪水が重なり、天正8年(1580)に集落ごと現在地に移った。遷座前に奥州征伐で源頼義が立ち寄り、白旗を献じて戦勝祈願したことから「白旗八幡社」や「赤浜の八幡様」とも呼ばれる。

埼玉県大里郡寄居町赤浜723

❖ 畠山重忠《はたけやましげただ》

**武芸に優れて、怪力の持ち主。
言行一致で、人を裏切らず、情に厚い。
楽器や歌もさらりとこなす風流さも持つ。
鎌倉武士・畠山重忠の魅力に迫る。**

鵯越の逆落としの一場面を刻んだ重忠像は畠山重忠公史跡公園（Ｐ56参照）にある

畠山重忠は長寛2年（1164）に武蔵国男衾（おぶすま）郡の畠山館で誕生した。畠山氏は桓武平氏の流れを引く秩父氏の一族で、重忠は平家全盛の頃に育つ。17歳の時に源頼朝が伊豆で挙兵。当然、平家側で戦い、河越重頼（しげより）や江戸重長（しげなが）らと相模国（神奈川県）の三浦氏を攻め落とした。

源頼朝は一度敗れたが、房総の武士団を味方に得て勢力を回復。治承4年（1180）に頼朝が武蔵国へ入った際に、重忠も河越氏、江戸氏とともに源氏に従った。

ここから戦場での活躍が始まる。後世の創作もあるが、重忠は勇ましいだけでなく、どこか人間味のある伝説が多く残っている。最も有名な伝説といえば、一ノ谷の戦いの「鵯越（ひよどりごえ）の逆落とし」だろう。源義経が考えた奇襲作戦で、断崖絶壁を馬で駆け下りて平氏の背後を突くというものだ。義経軍に居た重忠は、愛馬三日月が可愛そうになり、自ら背負って断崖を下りたという。

音楽もたしなむ 雅やかな一面も

重忠は音楽の才能もあったようで、義経の愛妾・静御前が鶴岡八幡宮に連れて来られ、源頼朝と北条政子の前で舞を舞った際に、銅拍子で伴奏を務めている。

源頼朝からの信頼も篤く、奥州征伐、京都上洛には先陣を任され、死に際には嫡子・頼家のことを託される。

頼朝の死後、鎌倉幕府は血まみれの権力争いになり、重忠も巻き込まれていく。一説では3代将軍実朝の御台所（正室）を迎えるために上洛した際、北条時政の後妻の娘婿と口論になり、これが原因で討伐計画が練られたという。元久2年（1205）、菅谷館に「鎌倉に異変あり」と嘘の知らせが届く。重忠は息子の重保を先行させるが、由比ヶ浜で殺されてしまう。

鎌倉への道中で、重忠は悲報を聞くが館に戻ることなく、先に進む。二俣川に出ると、幕府の実権を握っていた北条義時の大軍が待ち構えていた。重忠の手勢は130騎程度。勝ち目はないが逃げずに戦い、愛甲季隆（あいこうすえたか）の矢が当たり死んだという。散り際の見事さが、また日本人の心には響く。

重忠は菅谷館（Ｐ69参照）を出た後、二俣川の地で最期を迎える

重忠と遊女の悲話が伝わる姿見の池（Ｐ99参照）

一体地蔵尊前の鎌倉街道

Course No. 6

男衾 ▶ 武蔵嵐山

街道の重要性を示す2つの山城

歩行距離 約17.3km

約4時間20分

歩数 約2万3000歩

Start 男衾駅
東武東上線

▼

1 三嶋神社

▼

2 高蔵寺

▼

3 一体地蔵尊

▼

4 四津山神社（四ツ山城跡）

▼

5 八和田神社（奈良梨陣屋跡）

▼

7 杉山城跡

▼

Goal 武蔵嵐山駅
東武東上線

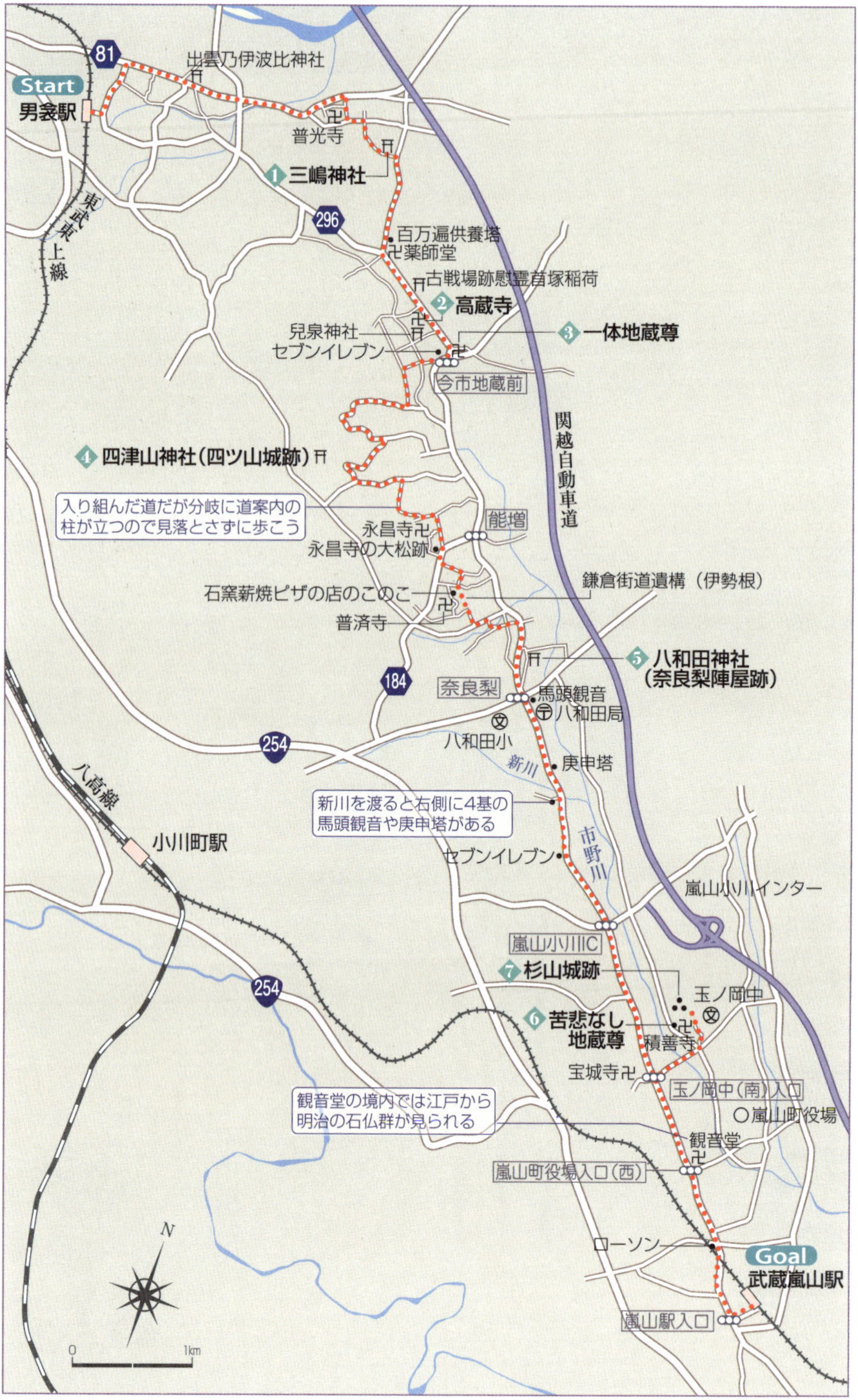
81
Start
男衾駅
出雲乃伊波比神社
普光寺
1 三嶋神社
296
東武東上線
百万遍供養塔
薬師堂
古戦場跡慰霊首塚稲荷
2 高蔵寺
兒泉神社
セブンイレブン
3 一体地蔵尊
今市地蔵前
関越自動車道
4 四津山神社（四ツ山城跡）
入り組んだ道だが分岐に道案内の
柱が立つので見落とさずに歩こう
能増
永昌寺
永昌寺の大松跡
鎌倉街道遺構（伊勢根）
石窯薪焼ピザの店のこのこ
普済寺
5 八和田神社
（奈良梨陣屋跡）
184
奈良梨
馬頭観音
八和田局
八和田小
254
新川
庚申塔
八高線
新川を渡ると右側に4基の
馬頭観音や庚申塔がある
小川町駅
セブンイレブン
市野川
嵐山小川インター
嵐山小川IC
7 杉山城跡
玉ノ岡中
6 苦悲なし
地蔵尊
積善寺
宝城寺
254
玉ノ岡中（南）入口
嵐山町役場
観音堂の境内では江戸から
明治の石仏群が見られる
観音堂
嵐山町役場入口（西）
N
ローソン
Goal
武蔵嵐山駅
嵐山駅入口
0
1km

一面の田畑が消した街道を想像して歩く

男衾《おぶすま》駅から鎌倉街道に戻るため、まずは県道81号を東に進み、普光寺を目指す。素通りも味気ないので、改めて出雲乃伊波比神社と普光寺を詣でながら進むのもよい。

普光寺の東側を通過した鎌倉街道は❶三嶋神社を経て南下する。普光寺から三嶋神社までの区間も開墾されており、田畑の間を縫うように歩く。

三嶋神社を過ぎて、T字路に出たら右に曲がる。道なりに10分ほど歩き、県道296号を左折する。左側の角に百万遍供養塔と薬師堂が立つので目印になる。県道はなかなかの交通量だが、左右に広い歩道があるので安心して歩ける。

赤い山門が目印となる❷高蔵寺を過ぎると、直角の曲がり角が2回続く。最初の曲がり角に❸一体地蔵尊が鎮座している。源頼朝の妻・北条政子がイボ取り祈願したことから、この地蔵尊が誕生したという伝説は、実に鎌倉街道らしくて面白い。

この先、鎌倉街道は2km先の能増《のうます》地区から県道を離れ、武蔵嵐山方面に下った。しかし、現在はほとんどが農地になり、わずかな遺構があるだけ。本書は一体地蔵尊から県道を大きく離れて、❹四津山神社（四ツ山城跡）に向かう。

その名の通り、神社は四津山の頂上にあり、次第に上り坂になる。参道に入ると一段と傾斜がきつくなり、最後の長い石段は垂直の壁のようにさえ感じる。しっかり汗をかくが頂上からの眺めは格別だ。

室町時代頃から豊臣秀吉の関東平定まで四ツ山城と呼ばれた山城があり、鎌倉街道に目を光らせたそうだ。

参道入口から右側へ下り、道標を頼りに永昌寺の大松跡、伊勢根地域の鎌倉街道遺構とつないで、県道296号に戻る。ほどなく左側に❺八和田神社（奈良梨陣屋跡）があるので参拝していこう。

奈良梨交差点から50分ほどの玉ノ岡中学校（南）交差点を左折。市野川を渡り、積善寺の❻苦悲《くび》なし地蔵尊に合掌してから❼杉山城跡へ。戦国時代初めに関東管領上杉氏（山内）が一族の扇谷上杉氏と戦うために築城したという。当時の築城技術の粋を結集しているため、城郭研究家の中には「築城の教科書」とする人も多い。

見学後、県道296に戻ったら左に進む。嵐山町役場入口（南）交差点の手前には観音堂があり、聖徳太子講の碑や庚申塔、馬頭観音などさまざまな石造物が並ぶ。小休止して見ていくのもいい。東武東上線の踏切を渡り、嵐山駅入口交差点の手前を左折すると、ゴールの武蔵嵐山駅だ。

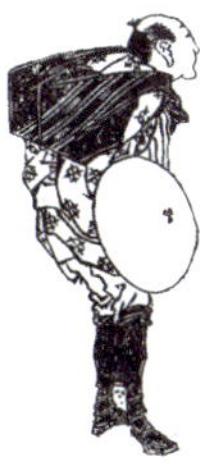

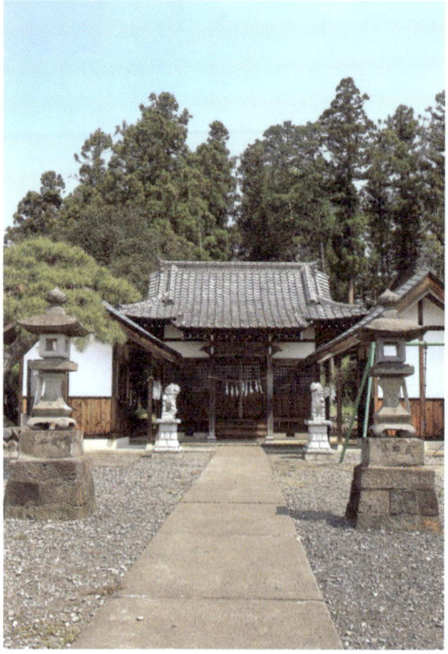

右／境内は町指定天然記念物のヤブツバキをはじめ、豊かな緑に囲まれている
左／現在の社殿は樹齢180余年の大杉などを使って再建されたという

県指定文化財の鰐口から神社の歴史が判明

1 三嶋神社 みしまじんじゃ

社殿に吊るし、綱で叩いて鳴らす鰐口（わにぐち）の銘から、応永2年（1395）には存在したことがわかる。祭神は大山祇神（オオヤマツミノカミ）、木花開耶姫（コノハナノサクヤヒメ）、少彦名命（スクナヒコナノミコト）の3柱。

埼玉県大里郡寄居町赤浜1973

高岩寺の閻魔様

上／朱塗りの山門
左／柳澤信俊夫妻の墓。柳澤吉保が百回忌に改建

県道296号沿いの百万遍供養塔。近くに薬師堂もあるので目印に

民家の敷地に戦で亡くなった兵士を弔う首塚稲荷の社がある

柳沢吉保の祖父が開いた天台宗の古刹

2 高蔵寺 こうぞうじ

戦国武将の武田信玄・勝頼の元で戦功を立て、後に徳川家康に従った柳澤信俊（のぶとし）が開いた寺。信俊の孫が徳川5代将軍綱吉に重用され、幕府の大老となる柳澤吉保（よしやす）である。本堂の裏手には柳澤信俊と妻の墓が並んでいる。

埼玉県大里郡寄居町今市700

赤と白を基調にした本堂。天台宗総本山延暦寺の末寺になる

イボ取り、子育ての
お地蔵さまと信仰される

③一体地蔵尊 いったいじぞうそん

地元ではいぼとり地蔵とも呼ぶ。伝説では、伊香保温泉で湯治していた北条政子が神仏にイボ取りを祈願。鎌倉街道の宿場にある桜の大木で地蔵尊を作り安置すれば願いを叶えるとお告げを受け、その通りに作らせたという。

埼玉県大里郡寄居町今市

安置される地蔵像は高さ3.14m。
室町時代の作と推定される

子育て地蔵の信仰もあり、扉には奉納されたよだれかけがたくさん

社殿には17柱の神様が祀られ、なかでも火伏の御利益があると信じられる

永昌寺の大松跡。かつては樹齢800年といわれた大松があった

伊勢根地域の鎌倉街道遺構。掘割状の道になっていたことが分かる

北は荒川流域、南は市野川流域が一望できる立地のため重要視された

眺望抜群の山城は
火伏の神を祀る神社に

④四津山神社（四ツ山城跡）

よつやまじんじゃ（よつやまじょうあと）

四ツ山城の本郭跡に社殿が立つ。四ツ山城は文明12年（1480）頃の築城で、高見山城とも呼ばれた。本郭、二の郭、三の郭で構成され、今も郭の跡や犬走りなどが残り、往時の様子が垣間見える。参道奥から最後は男坂（急勾配の石段）か、女坂（坂道）を上って社殿に出る。

埼玉県比企郡小川町高見四ツ山

奈良梨宿の記憶に
触れられる貴重な遺構

⑤八和田神社《やわたじんじゃ》(奈良梨陣屋跡《ならなしじんやあと》)

神社のある奈良梨地区は、鎌倉街道の宿場だった。神社の東側には戦国時代から江戸時代にかけて作られた堀と土塁の一部が残り、陣屋が置かれたと推察できる。境内には安土桃山時代の植樹と伝わる大杉が立つ。

埼玉県比企郡小川町奈良梨993

右／堀の断面は箱薬研(はこやげん)と呼ばれ、中世の城や館を取り巻く溝によく似ている
左／明治40年(1907)に改称するまでは諏訪神社を名乗っていた

優しい娘の徳により
苦労や悲しみを遠ざける

⑥苦悲なし地蔵尊《くびなしじぞうそん》

伝説によると、団子屋の娘が首を切り落とされて亡くなり、娘の顔に似た地蔵を作って弔った。ところが、首だけがなくなり、何度新しい首をつけても消えたという。参拝すると苦労や悲しみがなくなるといい、苦悲なし地蔵と呼ばれるようになった。

埼玉県比企郡嵐山町杉山600

杉山城跡の麓、積善寺の入口に安置されている。小さな地蔵なので見逃さないように注意

下／本郭跡の石碑や案内板　左／敵の直線的な侵入を防ぎ、内部が見えにくいよう工夫した食い違い虎口

城の中心である本郭(本丸)。崖のような切岸を見ると攻めにくさがよくわかる

国の史跡にも指定される
戦国期城郭の最高傑作

⑦杉山城跡《すぎやまじょうあと》

戦国時代初めに関東管領上杉氏が築城したと推定される。広さ7.6haある典型的な山城で、丘陵の尾根に10の郭を配している。急傾斜の切岸(きりぎし)や大規模な横堀、木橋や土橋を用いた多様な虎口(こぐち)など、当時の最新技術が結集された。

埼玉県比企郡嵐山町杉山

笛吹峠

Course No. 7

名だたる武士が越えた笛吹峠を往く

武蔵嵐山▼西大家

歩行距離 約18.2km

約4時間40分

歩数 約2万4300歩

Start 武蔵嵐山駅
東武東上線

▼

2 埼玉県立
嵐山史跡の博物館

▼

5 大蔵館跡

▼

9 笛吹峠

▼

13 延慶の板碑

▼

14 毛呂山町
歴史民俗資料館

▼

15 市場神社

▼

Goal 西大家駅
東武越生線

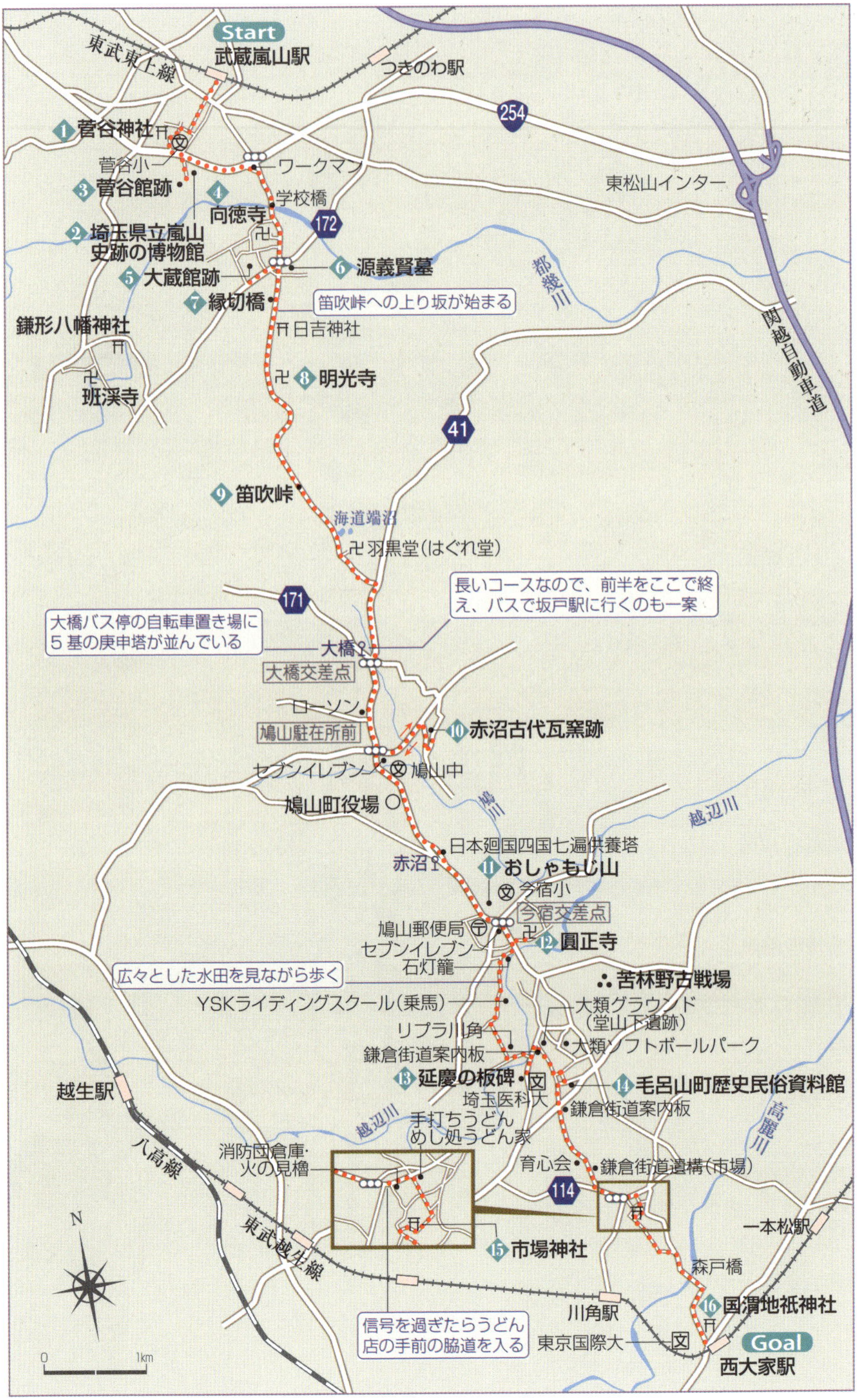
Start
武蔵嵐山駅
東武東上線
つきのわ駅
254
1 菅谷神社
菅谷小
ワークマン
東松山インター
3 菅谷館跡
4 向徳寺
学校橋
172
2 埼玉県立嵐山史跡の博物館
6 源義賢墓
都幾川
5 大蔵館跡
7 縁切橋
笛吹峠への上り坂が始まる
日吉神社
鎌形八幡神社
関越自動車道
8 明光寺
班渓寺
41
9 笛吹峠
海道端沼
羽黒堂（はぐれ堂）
長いコースなので、前半をここで終え、バスで坂戸駅に行くのも一案
171
大橋バス停の自転車置き場に5基の庚申塔が並んでいる
大橋
大橋交差点
ローソン
10 赤沼古代瓦窯跡
鳩山駐在所前
セブンイレブン
鳩山中
鳩山町役場
鳩川
越辺川
日本廻国四国七遍供養塔
赤沼
11 おしゃもじ山
今宿小
今宿交差点
鳩山郵便局
12 圓正寺
セブンイレブン
石灯籠
広々とした水田を見ながら歩く
苦林野古戦場
YSKライディングスクール（乗馬）
大類グラウンド（堂山下遺跡）
リプラ川角
大類ソフトボールパーク
鎌倉街道案内板
13 延慶の板碑
14 毛呂山町歴史民俗資料館
越生駅
埼玉医科大
越辺川
手打ちうどん めし処うどん家
鎌倉街道案内板
高麗川
八高線
消防団倉庫・火の見櫓
育心会
鎌倉街道遺構（市場）
114
一本松駅
15 市場神社
森戸橋
東武越生線
N
16 国渭地祇神社
川角駅
信号を過ぎたらうどん店の手前の脇道を入る
東京国際大
Goal
西大家駅
0
1km

見どころが目白押し 2回に分けるのも一案

畠山重忠、木曽義仲、新田義貞と、鎌倉時代の著名人が続々と登場する前半のクライマックスだ。武蔵嵐山駅を出発。❶菅谷神社を詣でて、❷埼玉県立嵐山史跡の博物館に入る。埼玉県の平安時代末期から戦国時代の歴史を学べる博物館で、この地が畠山重忠が暮らしたと伝わる❸菅谷館跡となれば寄り道は決定的だ。

博物館前の国道254号を東へ進み、「ワークマン」の手前を右に曲がる。コース6の能増地区で消えた鎌倉街道がここから姿を現す。T字路を右に曲がり、学校橋を渡ると❹向徳寺は近い。

県道172号が交差する信号に出たら、右へ。源義賢《よしかた》が住んだ❺大蔵館跡は大蔵神社あたりにあった。源義賢の次男は源義仲。木曽義仲とした方がわかりやすいだろう。

先ほどの交差点に戻り、大蔵館跡を背にして右に曲がる。すぐ左側に❻源義賢墓、少し先の右側に❼縁切橋がある。

縁切橋からは上り坂。日吉神社、❽明光寺を過ぎ、もう一度、坂を上り切ると❾笛吹峠に到着だ。元弘3年(1333)、新田義貞は鎌倉幕府に終止符を打つべく、軍勢を率いて峠を越えた。

軽快に坂道を下り、T字路を右へ。ほどなく大橋交差点に出る。ここから赤沼地区までの県道171号沿いに東武東上線坂戸駅に行く路線バスの乗り場がある。歩き疲れた時や体力に自信がなければ、この区間でコースを2つに分けるのも一案だ。

❿赤沼古代瓦窯跡に寄り、⓫おしゃもじ山に出る。鎌倉街道はこの付近から県道を離れ、越辺《おっぺ》川の西岸を通ったが、現在は住宅や農地に変わってしまった。

本書はそのまま県道を進み、⓬圓正寺を経て、今川橋の手前から越辺川の西岸に入る。途中、乗馬スクールがあるが、田んぼばかりの道だ。リサイクル施設を回り込んで、越辺川を渡り、右に行くと⓭延慶の板碑。毛呂山町を代表する巨大な板碑だ。

来た道を戻り、大類グラウンド脇の砂利道に入る。ここで鎌倉街道が復活。親切に「鎌倉街道上道」と案内板も立っている。⓮毛呂山町歴史民俗資料館、市場地域にある鎌倉街道遺構を見て、県道114号に出たら左へ。うどん店前の細い道を右に入ると高い木々に囲まれた⓯市場神社が見える。

参拝後は鳥居を背にして左へ進み、森戸橋を渡る。大学のサッカー場や野球場を過ぎるとほどなく⓰国《くに》渭《い》地《ち》祇《ぎ》神社に着く。通りを挟んで西大家駅がある。

社叢林の深い緑に映える赤い鳥居。
通りを挟んだ公園の池畔に厳島神社がある

参道奥に大山咋命（オオヤマクイノカミ）ほか
4柱を祀る社殿が立つ

秋の嵐山まつりでは
境内に火縄銃の音が響く

1 菅谷神社《すがやじんじゃ》

菅谷館に居を移した畠山重忠が武運長久の守護神として、建久元年（1190）に近江国の日吉山王権現を勧進したと伝わる。例年11月上旬に開催される「嵐山まつり」では、武者行列の出発地となり、火縄銃の実演も行われる。

埼玉県比企郡嵐山町菅谷608

右／菅谷館跡の三の郭に施設がある。館内見学後は裏に回って館跡へ
左／菅谷館跡、杉山城跡など、比企城館群で発見された出土品が並ぶ

人気展示の畠山重忠ロボット。スイッチを押すと音声が流れる

中世の城と武士の展示が充実
鎌倉街道を学ぶのに最適

2 埼玉県立嵐山史跡の博物館《さいたまけんりつらんざんしせきのはくぶつかん》

常設展示室は「菅谷館の主・畠山重忠」「秩父氏の本拠・嵐山町」など4つのテーマで構成される。ビデオシアターでは鎌倉街道を解説した上映時間25分ほどのビデオが見られる。比企（ひき）城館群をテーマにしたビデオもある。

9時～16時30分／月曜休（祝日の場合は開館）／入館100円／埼玉県比企郡嵐山町菅谷757／☎0493-62-5896

左／二ノ郭の土塁に畠山重忠像が立つ
下／本郭は東西約150m、南北約60m。北側は平坦なので、深い掘りと高い土塁を築いた

西ノ郭と三ノ郭の間にある空堀に架けられていた木の橋が復元されている

鎌倉時代の館を拡充した
戦国時代の城跡

3 菅谷館跡《すがややかたあと》

畠山重忠の菅谷館を戦国時代に関東管領上杉氏が拡大・整備した城跡と考えられる。都幾川（ときがわ）と槻川（つきがわ）の合流点を望む台地にあり、総面積は東京ドーム約3個分の約13万㎡。5つの郭で構成された平城だった。

埼玉県比企郡嵐山町菅谷

時宗では人が集まり念仏を唱える場所を道場と呼び、ここは大蔵道場と呼んだ

鎌倉・室町時代の
板碑がずらりと並ぶ

4 向徳寺《こうとくじ》

延応元年（1239）に武蔵七党の児玉党に属した小代（しょうだい）氏の一人が出家し、この地に開いた草庵が始まり。一時、無住となったが、永仁5年（1297）に時宗の向阿徳音（こうあとくいん）上人が再興した際、寺号を「向徳寺」と改めた。

埼玉県比企郡嵐山町大蔵635

阿弥陀三尊種子（しゅし）を刻んだ板碑ほか10数基が現存する

本堂には桃山時代作という阿弥陀如来三尊が祀られている

一族の争いで散った
源頼朝・義経の伯父

6 源義賢墓《みなもとのよしかたはか》

大蔵館で討たれた源義賢の墓と伝わる。義賢は源氏の棟梁・源為義（ためよし）の次男で、武芸に優れ、人望があり、父からの信頼も篤かったという。兄の義朝（よしとも）は、義平（悪源太）、頼朝、義経の父親となる。

埼玉県比企郡嵐山町大蔵66

古式五輪塔と呼ばれる形で、源義賢ゆかりの人々が供養に立てたという

現在の大蔵神社が立つ場所に館があったとされる

大蔵合戦の舞台
源義賢の館跡と伝わる

5 大蔵館跡《おおくらやかたあと》

平安時代末期に源義賢が住んだ館跡と伝わる。残された土塁と空堀から東西約200m、南北220mの規模だったと考えられる。久寿2年（1155）の大蔵合戦で、源義平に攻め込まれた源義賢はここで討ち死にしている。

埼玉県比企郡嵐山町大蔵522 大蔵神社

お耳拝借 5 omimihaisyaku

❖ 木曽義仲《きそよしなか》

源頼朝・義経とは従兄弟になる木曽義仲は、久寿元年（1154）に大蔵館で誕生したといわれている。2歳のときに源氏の同族争いである大蔵合戦で父が死亡。自らも命を狙われるが、畠山重能（しげよし）と斎藤実盛（さねもり）らのおかげで信濃国へ逃げ延びた。

治承4年（1180年）、以仁王（もちひとおう）が発した平家打倒の令旨を受けて挙兵。平家を倒し、頼朝よりもひと足早く上洛した。征夷大将軍に就くが、最後は頼朝・義経軍に敗れる。

大蔵館跡から20分ほど歩くと木曽義仲産湯の清水がある鎌形八幡神社。さらに5分歩いた班渓寺《はんけいじ》には義仲の愛妻・山吹姫の墓がある。ひと足伸ばすのもいい。

鎌形八幡神社／埼玉県比企郡嵐山町鎌形1993
班渓寺／埼玉県比企郡嵐山町鎌形1907

尼の姿で京を脱出した山吹姫は草庵（現・班渓寺）を結び、義仲の霊を弔った

木曽義仲産湯の清水。
鎌形八幡神社は坂上田村麻呂の創建と伝わる

銅造の薬師如来像を
胎内で守ったご本尊

8 明光寺《みょうこうじ》

将軍沢地区にある天台宗の寺。室町時代の銅造薬師如来坐像と、元禄8年（1695）の木造薬師如来坐像を本尊とする。木造仏は底面から銅造仏を胎内に収めることができ、鞘仏（さやぼとけ）として造られたと考えられる。

埼玉県比企郡嵐山町将軍沢308

本堂近くには阿弥陀三尊の種子を刻んだ鎌倉時代の板碑が立っている

「縁切橋」と書かれた表示板の先に橋の欄干が残っている

遠く京から来陣した妻を
追い返したという悲話の橋

7 縁切橋《えんきりばし》

平安時代の武官で、桓武天皇から征夷大将軍を任じられた坂上田村麻呂（さかのうえのたむらまろ）が、京から陣中を訪ねてきた妻を追い返し離縁したという伝説がある。この地では縁起をかつぎ、新郎新婦を通さないという。

笛吹峠の頂上にはトイレと東屋があり、小休止することができる

名月に笛を奏して
兵士の心を慰めた

9 笛吹峠《ふえふきとうげ》

文字通り、笛を吹いた峠、が地名の由来だが、奏者は坂上田村麻呂、畠山重忠、宗良（むねよし）親王と諸説ある。鎌倉の足利尊氏と争うが敗戦が続き、この峠まで戻ってきた時に笛を吹いて気を紛らわせたという宗良親王説がよく知られている。

羽黒堂は家来にはぐれ、矢で射殺された大将を供養したと伝わる。はぐれ堂とも

金網越しながら窯跡が見られる。合計3基の窯が並んでいたという

7世紀後半から始まる
古代寺院の建設に貢献

⑩赤沼古代瓦窯跡《あかぬまこだいかわらかまあと》

7世紀後半から8世紀初頭頃の地下式登り窯跡で、瓦専用窯ではなく、陶質の土器である須恵器（すえき）窯としても使われた。瓦は埼玉県最古で最大級の古代寺院・勝呂廃寺（すぐろはいじ）ほか、周辺の寺院に供給された。

埼玉県比企郡鳩山町赤沼

昭和25年（1950）に発掘調査があり、その後は大切に保存されている

赤沼バス停近くに
3基の石造物が並ぶ。
写真は中央の
日本延国四国七遍供養塔

鎌倉街道は
鳩山中学校を縦断していた。
校庭沿いの解説板が
その記憶を伝える

大橋バス停の
自転車置場前に
六地蔵尊や庚申塔などが
並んでいる

おしゃもじ山の展望台に上がると
関東平野や秩父の山々が一望できる

おしゃもじを奉納する
古くからの風習が残る

⑪ おしゃもじ山

おしゃもじやま

願い事が成就したら、お礼に杓文字(しゃもじ)を奉納する神様(おしゃもじ様)の祠が麓にあることから、おしゃもじ山と呼ばれる。春は桜、ツツジが山肌を染め上げ、花の山となる。山頂には展望台があり、日中はもちろん、夜景も美しい。

おしゃもじ様の祠には、
今も大小の杓文字が奉納されている

上／本堂に鎮座する本尊・聖観世音菩薩像は江戸中期作と伝わる
右／参道には大きさの異なる5基の板碑が安置されている

観音・不動信仰で地元に愛される古刹

⑫ 圓正寺 えんしょうじ

康暦元年(1379)に関東管領上杉憲方(のりかた)が創建した臨済宗の寺が始まり。江戸時代に曹洞宗の大寰(だいかん)大和尚が中興の祖となり改宗した。不動堂の不動明王は、奈良の東大寺初代別当・良弁僧正(ろうべんそうじょう)作と伝わる

埼玉県比企郡鳩山町赤沼17

一説では、越辺川の名前は源流の「越生(おごせ)辺りから流れる川」が転じたとか

越辺川西岸の乗馬スクール。スタッフにひと声かけて静かに見学を

生前に死後の冥福を祈る逆修供養塔か、墓碑か、未だ謎の多い板碑だ

大類グラウンド横にある鎌倉街道入口を示す案内板。グラウンドには堂山下遺跡の案内板もある

高さ3mを誇る
県内屈指の大型板碑

⑬ 延慶の板碑《えんきょうのいたび》

板碑の文字からは延慶3年(1310)に「沙弥行真」と「朝妻氏女」という名前の者が「現世安穏後生善処」のために造立したと読み取れる。昭和37年(1962)に崇徳寺跡から移転した際、その下から蔵骨器が出土した。

ひと足延ばして ここもチェック!

❖ 苦林野古戦場《にがばやしのこせんじょう》

越辺川右岸の苦林野地域は、埼玉県では行田市に次ぐ前方後円墳の密集地。室町時代の貞治2年(1363)に起きた苦林野合戦では戦場になった。

戦の発端は鎌倉府の初代長官(鎌倉公方)・足利基氏(もとうじ)が下野の武将、宇都宮氏綱から越後守護職を奪い、関東管領上杉氏に与えたこと。足利軍3000騎に対して、宇都宮方は重臣・芳賀禅可が嫡子の高貞と次男の高家に与えた800騎。芳賀軍は奮戦するも数の不利は覆らず、敗退する。

この戦で芳賀高貞が物見に使った小塚が苦林古墳といわれ、千手観音像を浮き彫りにした「苦林野合戦供養塔」と「苦林野古戦場」碑が建てられている。供養塔は文化10年(1813)の建立で、背面に古戦場の由緒、両側面には文字で6体の仏を記している。

埼玉県入間郡毛呂山町川角2238

里人が戦没者を弔うために建立した苦林野合戦供養塔

軍記物語『太平記』に小塚として登場する苦林古墳

大類グラウンドから鎌倉街道に入ると樹林の中に古墳があり、庚申塔が立っている

掘割の特徴がわかる毛呂山町歴史民俗資料館西側の鎌倉街道

古代から近世の歴史と民俗文化をわかりやすく

⑭毛呂山町歴史民俗資料館

もろやままちれきしみんぞくしりょうかん

常設展示室の「中世」では、鎌倉幕府の黎明(れいめい)期に有力御家人となった毛呂氏をはじめ、苦林野合戦、堂山下遺跡と崇徳寺跡、鎌倉街道などの展示が見られる。養蚕、絹織物、流鏑馬などの民俗分野も興味深い。

9時～17時／月曜・祝日の翌日休／入館無料／埼玉県入間郡毛呂山町大類535-1／☎049-295-8282

毛呂山の流鏑馬は全国でも珍しく子どもが乗り子(射手)を務める

中世の鎌倉街道だけでなく、古代から近世の毛呂山に関しても学べる

通り抜けは出来ないが、市場地域に残る鎌倉街道遺構は掘割の形がよくわかる

地蔵尊の前にはペットボトルのお茶がたくさん供えてあった

木陰が心地よい境内には、八坂神社なども合祀されている

鎌倉街道沿いに立ち
今も昔も目印に

⑮ 市場神社《いちばじんじゃ》

県道114号から1本入った畑の中にある神社。かつては三島神社と呼んでいたが、大正4年(1915)に地名をとって市場神社と改称した。鳥居の前に祀られた手編みの帽子をかぶった地蔵尊が印象的だ。鎌倉街道遺構(市場)から森戸橋までの間にあり、現在の旅人にとってもいい目標となる。

埼玉県入間郡毛呂山町市場51

豊作を祝い、平和を願う
獅子舞が奉納される

⑯ 国渭地祇神社《くにいちぎしんじゃ》

創建は不明だが、古くは熊野社といった。国一熊野大権現が転じて、現在の社名になったという説もある。毎年10月に奉納される「森戸の獅子舞」は3頭の獅子や天狗が舞う華やかなもので、江戸時代から続くという。

埼玉県坂戸市森戸616

横に長い拝殿が特徴的。境内に火伏の秋葉神社、神楽殿もある

分倍河原駅前に立つ新田義貞の騎馬像。刀を振りかざした勇ましい姿だ

❖新田義貞《にったよしさだ》

**鎌倉幕府を滅ぼした武将・新田義貞。
鎌倉街道上道を駆け抜けて、
挙兵から15日で目標を遂げた早業だった。
その後の人生もまた戦いの日々が続く。**

新田義貞は正安3年(1301)頃、源朝氏(ともうじ)の嫡子として上野国に生まれた。源義家の血を継ぐ名門ながら、鎌倉幕府は義貞を冷遇。同じ源氏の血を引く足利高氏(尊氏/たかうじ)よりも下に見られ、不満を持っていた。

元弘3年(1333)、隠岐島に流されていた後醍醐天皇が脱出に成功。討幕の命令を全国に発して、現在の鳥取県にある船上山(せんじょうざん)で挙兵した。鎌倉幕府から鎮圧を命じられた足利高氏は、鎌倉を出兵するが、ここで勝負に出る。天皇側に寝返り、京都にあった幕府の出先機関の六波羅探題(ろくはらたんだい)を焼き討ちした。

上野国の義貞も同じ頃、生品(いくしな)神社(群馬県太田市)で挙兵する。わずか150騎程度で始まった討幕軍は進軍とともに幕府に不満を持つ武家が続々と参陣。20万騎を超える大軍に成長する。そして、小手指ヶ原(埼玉県所沢市)から鎌倉街道上道を舞台に「鎌倉攻め」が始まる……。その先は、本書において街道を歩きながら記すことにしよう。

同じ源氏の血を引く足利高氏と激突

鎌倉幕府の滅亡後、後醍醐天皇は土地の支配をすべて天皇に戻し、改めて天皇から所有権を与えるなど、新たな政治を試みるが武家から大反発が起こる。とうとう幕府残党に鎌倉が支配される事態になり、足利高氏は鎌倉奪還に向かう。高氏は道中、武家の心をつかむため、自からの判断で土地の安堵を約束。後醍醐天皇は反乱とみなして、新田義貞に足利高氏を討つよう命じる。

義貞と高氏は箱根・竹ノ下の戦いで争い、義貞は敗れる。高氏は勢いにのり、京都に入った。義貞は奥州の北畠氏と合流し、京都を取り戻す。この時、後醍醐天皇に従っていた楠木正成は和睦を進言するが天皇は拒否。高氏は九州で再起し、義貞と正成の軍を破って京都に戻る。

後醍醐天皇は比叡山、吉野と逃れて新たな朝廷を開き、南北朝時代が始まる。義貞は恒良・尊良両親王を奉じて、北陸へ逃れるが足利軍も追撃する。敦賀の金ヶ崎城、杣山城と奮戦するも、刀折れ矢尽きて灯明寺畷で戦死した。

新田義貞が陣を張ったという八国山の将軍塚

新田軍と幕府軍が戦った分倍河原古戦場跡。緑道の中に碑が立つ

鎌倉街道上道碑

Course No. 8

西大家 ∨ 入曽

源義高と大姫の悲話の舞台へ

歩行距離 約15.7km

約4時間

歩数 約2万1000歩

Start 西大家駅
東武越生線

∨

2 女影ヶ原古戦場跡

∨

4 清水八幡宮

∨

5 徳林寺

∨

6 八幡神社

∨

7 野々宮神社

∨

8 七曲井

∨

10 金剛院

∨

Goal 入曽駅
西武新宿線

Start
川角駅
東武越生線
一本松駅
鶴ヶ島インター
東武東上線
高麗川
西大家駅
新しい馬頭観音
鎌倉街道
遺構の水路
古い馬頭観音
町屋自治会館
鎌倉街道案内板
関越自動車道
送電鉄塔
ユニークテープ
清蓮寺
東京電力変電所
高萩北中
407
圏央鶴ヶ島インター
高萩北小
日高高
よろずや（骨董店）
セブンイレブン
境橋
川越線
女影踏切を渡る
武蔵高萩駅
笠幡駅
白山神社
女影時計台
高萩小
1 霞野神社
高萩中
道標
圏央道
2 女影ヶ原古戦場跡
鎌倉街道上道碑
鎌倉街道
左側にゴルフ場がある。
交通量が多いので注意
高速道路の高架をくぐる
入間川
ファミリーマート
智光山公園
智光山公園入口
道沿いに工場が並ぶ狭山工業団地を抜ける
3 影隠地蔵
16
狭山日高インター
奥州道交差点
新狭山駅
西武新宿線
広瀬東
5 徳林寺
新富士見橋
4 清水八幡宮
駅舎内を通って東側へ出る
狭山市駅
6 八幡神社
新田義貞駒繋ぎの松
狭山局
富士見一
299
航空自衛隊
入間基地
227
稲荷山公園駅
入間市駅
西武池袋線
N
7 野々宮神社
8 七曲井
入曽
9 入間野神社
10 金剛院
入曽駅
入曽駅入口
0
1km
Goal

八丁の渡しで知られた入間川を橋で渡る

朝夕は学生であふれる西大家駅。改札を出たら右に進み踏切を渡る。十字路の一角に真っ白な馬頭観音があった。側面を見ると道標も兼ねている。謎は「文政三庚辰《かのえたつ》年」。文政3年といえば西暦1820年。それにしては新しすぎる。

右に進み、最初の十字路に立つ「町屋自治会館」で謎は解けた。文政3年の庚申塔はここにあった。なんでも分岐に立つ宿命で、何度も車に当てられ破損がひどいために代替わりしたそうだ。このように地元の方々が街道の記憶を守ってくれるおかげで、我々は街道旅を楽しめる。

自治会館の西側、一直線に伸びる掘割状の水路は、鎌倉街道の遺構だ。水路に沿って歩き始めると、やがて2本の送電鉄塔が現れる。「ユニークテープ」の工場を過ぎると、信号のある十字路に出る。

この先は碁盤の目状に農道を配した見渡す限りの畑。街道の痕跡はないが、この先の街道筋から推理して、東京電力変電所の先で南下したと思われる。高麗川に架かる境橋を渡り、川越線の線路を越える。女影《おなかげ》時計台が立つ女影交差点先に❶霞野神社があり、境内に❷女影ヶ原古戦場跡を示す石碑も立つ。

緩やかな坂道を上り、小さな雑木林が途切れると下りの始まり。馬頭観音が見守る畑の先には巨大な「鎌倉街道上道碑」が立っている。坂道を上った先には鎌倉街道交差点もあり、この道は鎌倉街道で間違いない。

ゴルフ場沿いに歩き、圏央道の高架をくぐる。ほどなく智光山公園があり、道路の両側に工場が続く狭山工業団地に入っていく。下り坂になったら、左側に注意。木曽義仲の嫡男・義高を救った伝説を持つ❸影隠《かげかくし》地蔵が鎮座する。

かつては「八丁の渡し」と呼ばれた浅瀬を歩いて渡った入間川も、今は新富士見橋で渡れる。国道16号を右折して義高を祭神とする❹清水八幡宮を参拝したら、❺徳林寺を訪ねよう。新田義貞が鎌倉攻めで本陣を置いたと伝わる地だ。❻八幡神社には新田義貞駒繋ぎの松もあり、歴史物語の舞台が連続する。

高架駅舎の狭山市駅を通過して東口に出る。駅前のロータリーから県道227号に入るとあとは一本道だ。手水舎や絵馬など境内各所に親切な解説板を立てた❼野々宮神社、井戸の歴史が分かる❽七曲井、今も昔も水の神と崇められる❾入間野神社、重厚な山門が目を引く❿金剛院など、名所旧跡を訪ねながらゴールの入曽駅を目指そう。

女影交差点の女影時計台は、現在の鎌倉街道を歩く者にはいい目印になる

鎌倉街道の遺構が水路として使われており、ちょっと驚いた

上／文政3年（1820）建立の馬頭観音。あちこちが削られ破損の大きさがよくわかる　下／平成22年建立の新しい馬頭観音。凜々しい顔で道行く人を見守る

美しい石垣の高台に
14柱の神が一堂に会す

1 霞野神社

かすみのじんじゃ

村社の諏訪神社が前身。明治43年（1910）に女影（おなかげ）村と中沢村の白髭神社をはじめ12社を合祀して、現在の社名に改称した。祭神は猿田彦命（サルタヒコノミコト）、建御名方命（タケミナカタノミコト）ほか14柱と多い。

埼玉県日高市女影444

上／鳥居の前の道は鎌倉街道
左／毎月1日と15日に拝殿の扉が開かれ、江戸時代築の本殿が見られる

鎌倉幕府復興を目指した
北条時行の乱

②女影ヶ原古戦場跡《おなかげがはらこせんじょうあと》

鎌倉幕府最後の執権、北条高時の遺児・時行が起こした「中先代(なかせんだい)の乱」の初戦が行われた地。信濃国から鎌倉を目指した時行は、足利尊氏の弟・直義が派遣した渋川義季(よしすえ)、岩松経家(つねいえ)に勝利。その後も連勝し鎌倉を一時支配した。

埼玉県日高市女影444 霞野神社内

霞野神社に「女影ヶ原古戦場跡」碑が立つ

大きな自然石を使った鎌倉街道上道碑。街道歩きはこういう碑にも勇気づけられる

鎌倉勢に追われる
源義高の命を救った

③影隠地蔵《かげかくしじぞう》

木曽義仲は嫡子・義高を人質に差し出して、源頼朝と和睦し、頼朝は娘・大姫と義高を婚約させた。しかし、平和は続かず、義仲は頼朝に討たれる。義高も命を狙われ、大姫の計らいで逃げる道中、この地蔵の影に隠れて、追っ手から逃れたという。

埼玉県狭山市柏原204-1

明治までは木造の地蔵尊で、地蔵堂の中に安置されていた

今も参拝者が絶えない
源義高を祀る古社

4 清水八幡宮《しみずはちまんぐう》

影隠地蔵で難を逃れた源義高だったが、結局は入間川の河原で斬殺される。悲しんだ北条政子は壮麗な神社を建立し、義高を祀ったという。応永9年（1402）の大洪水で流失。後年、石の祠が見つかり現在地に再建した。毎年5月に大祭がある。

埼玉県狭山市入間川3丁目内

義高は7つの清水を産湯に使ったことから、「清水冠者（しみずかじゃ）」を名乗ったという

奉納されていた絵馬は、なぜか那須与一の「扇の的」の絵だった

唐から渡来したという
新田義貞の守護仏を祀る

5 徳林寺《とくりんじ》

元弘3年（1333）、鎌倉攻めの本陣を置いた新田義貞が守護仏を安置する堂舎を建てたのが始まり。その後、守護仏を託された地頭の小沢氏が開基となり、伽藍などを整えた。天文元年（1532）頃、曹洞宗に改宗。

埼玉県狭山市入間川2-3-11

新田義貞の守護仏を本尊とする観音堂。観音大石仏は総丈12mになる

上／山号「福聚山」の扁額を掲げた木造の山門
下／本尊は宝冠釈迦如来。文殊菩薩と普賢菩薩の脇仏を伴った三尊仏坐像になっている

拝殿で参拝したら後方の本殿を見学しよう。壁面の彫刻が素晴らしい

右／表参道に立つ第一大鳥居 左／全71段の石段。中段から上の47段は赤穂四十七士を、下の24段は中国の故事二十四孝を意味している

新田義貞が戦勝祈願の際に愛馬をつないだという駒繋ぎの松

新田義貞が自ら訪れ
戦勝祈願をしたという

❻ 八幡神社《はちまんじんじゃ》

大正12年（1923）に土地の神を鎮めるために埋めたと考えられる「砂破利（さはり）のつぼ」が出土。その製作年代から、室町時代には創建したと思われる。伝承では新田義貞が鎌倉攻めで戦勝祈願し、その後も篤く信仰し、一時は「新田の八幡宮」と称されたという。

埼玉県狭山市入間川3-6-14

官道の安全を守り
七曲井の管理も担った

❼ 野々宮神社《ののみやじんじゃ》

社伝によると、奈良時代に朝廷の命で創建され、祭神の倭姫命（ヤマトヒメノミコト）を奉斎するとともに、入間路（古代の官道）の警備と七曲井の管理を担ったという。明治40年（1907）から神明神社ほか5社を合祀。

埼玉県狭山市北入曽276

毎年4月の大祭では江戸時代に始まった入曽囃子が奉納される

七曲井は外周が柵で囲われ、井戸へは下りられない。石碑や祠も立つ

平安から江戸時代まで
飲料水として使われた

8 七曲井《ななまがりのい》

常泉寺観音堂の裏手にある古井戸。竪堀り井戸を掘る技術がまだなく、すり鉢状に掘り下げていることから平安時代中期のものと思われる。日本武尊（やまとたけるのみこと）が東征の途次に、この井戸を掘らせて喉の渇きを癒やしたという伝説もある。

埼玉県狭山市北入曽1366

井戸は直径26m、深さ10mほど。埼玉県の史跡に指定されている

明治の神社合祀で誕生
2つの本殿が仲良く並ぶ

9 入間野神社《いりまのじんじゃ》

建久2年（1191）に国井神社として創建されたと伝わり、水の神、井戸の神と崇められた。明治44年（1911）に水野地区の浅間神社と合祀。南入曽の「入」と水野の「野」、そして神社の敷地が2地区の間に立つことから「間」を選び、現在の社号になった。

埼玉県狭山市南入曽640-2

合祀の歴史から社殿内には2つの本殿が並んで奉斎されている

安永10年（1781）築の四脚門。境内でもっとも古い建物だ

江戸時代の四脚門が
参拝者を出迎える

10 金剛院《こんごういん》

真言宗豊山派の寺。創立年代は不詳ながら、天文2年（1533）に中興し、慶安2年（1649）には徳川3代将軍家光から十石の朱印状を得ている。明治38年（1905）の火事でほとんどの堂舎を焼失したが四脚門は奇跡的に難を逃れた。

埼玉県狭山市南入曽460

本堂は明治の火災後に農家を移築。その後、屋根を唐招提寺風にした

東村山駅近くの鎌倉街道。
民家の前に鎌倉街道を示す標柱が立つ

Course No. 9

入曽 ▶ 小川

新田義貞の鎌倉攻め、ここに始まる

歩行距離 約16.7km
約4時間10分
歩数 約2万2300歩

Start 入曽駅
西武新宿線
▼
1 新光寺
▼
3 長久寺
▼
5 鳩峯八幡神社
▼
7 久米川古戦場跡
▼
8 徳蔵寺
▼
10 梅岩寺
▼
13 八坂神社
▼
Goal 小川駅
西武拝島線、西武国分寺線

50
Start
水野（月見野）
入曽駅
狭山名物である狭山茶の茶畑が広がる
ファミリーマート
入曽運動公園
ローソン
右側の線路越しに西武鉄道の車両基地が見える
N
0
1km
北岩岡
大きくカーブして踏切を渡る。この先は狭いながら右側に歩道がある
西富小
西武新宿線
463
緑町４
新所沢駅
セブンイレブン
ローソン
西武池袋線
セブンイレブン
小手指駅
所沢中
鎌倉街道の道標
航空公園駅
所沢航空記念公園
463
463
峰の坂
開明橋
実蔵院の墓地が左側に見える
1 新光寺
東川
2 弘法の三ツ井戸
セブンイレブン
西所沢駅
4
所沢駅
西武池袋線
駒形
南小
3 長久寺
狭山湖
西武狭山線
八国山
西武園駅
西武園ゆうえんち
西武球場前駅
西武遊園地駅
多摩湖
西武西武園線
11 白山神社
12 東村山ふるさと歴史館
「東村山市指定旧蹟鎌倉古道」の碑
東村山駅
イトーヨーカドー
5 鳩峯八幡神社
4 武蔵国悲田処跡
6 将軍塚
16
勢揃橋
佛眼寺
10 梅岩寺
八国山
13 八坂神社
空堀川
久米川駅
西武多摩湖線
八坂小
ファミリーマート
八坂駅
馬頭観音
九道の辻
西武新宿線
萩山駅
迷いの桜
ブリヂストン工場
Goal
小川駅
小川駅東口
小平駅
7 久米川古戦場跡
8 徳蔵寺
9 熊野神社
西武拝島線

真っ直ぐな道を進み埼玉県から東京都へ

鎌倉街道の旅もこれより後半の始まりだ。入曽駅東口から商店街を抜け、県道50号を右に進む。片側一車線の道ながら、車の通行量が多い。歩道も狭かったり、なかったり。気を引き締めて歩きたい。

北岩岡交差点を過ぎ、西武新宿線の線路を渡る。次第にマンションやコンビニが増えるが、それもそのはず。左側に新所沢駅があった。峰の坂交差点を過ぎると緩い下り坂になり、東川に架かる開明橋の手前を右に入ると❶新光寺の龍宮門が見えてくる。

鎌倉街道は龍宮門を直角に曲がり、住宅地へ伸びていく。ここで少し寄り道する。龍宮門から最初の角を右に曲がり、道なりに進んで、国道４６３号を渡ると❷弘法の三ツ井戸がある。全国に数多く伝わる弘法清水の１つだ。

来た道を戻り、鎌倉街道に出たら右へ。ここから県道４号の駒形交差点手前まで、約８００ｍの真っ直ぐな道が続き、鎌倉街道らしさを感じさせてくれる。西武池袋線の踏切を渡り、❸長久寺を参拝。

勢揃橋を渡ると、ほどなく正面に八国山が見える。山裾に沿って道は大きく右に曲がり、最初の信号を左折すると❹武蔵国悲田処跡がある。平安時代に餓えや病気で苦しむ人々を助けた公営の援助施設があったという。

ここからは❺鳩峯八幡神社、❻将軍塚、❼久米川古戦場跡と新田義貞ゆかりのスポットが続く。なぜなら、ここより北西へ５㎞離れた小手指ヶ原で始まった、新田義貞率いる鎌倉幕府討幕軍と鎌倉幕府軍の第２ラウンドがここ久米川で行われたからだ。

❽徳蔵寺の板碑保存館を訪ねると、国の重要文化財である「元弘三年の板碑（通称）」が見られる。討幕軍で戦い、亡くなった飽間《あくま》斎藤氏の三戦士を弔うためのもので、久米川の合戦を実証する。

西武新宿線の踏切を渡り、❾熊野神社と❿梅岩寺を参拝。線路沿いを南下しながら、⓫白山神社、⓬東村山ふるさと歴史館に寄っていく。立派な門構えで「東村山市指定旧蹟鎌倉古道」の標柱が立つ民家を通り過ぎ、都道16号に合流すると、まもなく右側に東村山駅が見える。都道16号は「府中街道」と呼ばれる。こちらの方が地元ではわかりやすいので覚えておこう。

西武新宿線の踏切、新青梅街道、空堀川を過ぎるとまもなく⓭八坂神社だ。緑豊かな境内でひと休みし、都道16号の南下を再開。西武多摩湖線の高架をくぐり、九道の辻（多叉路）を過ぎたら、もうひと頑張りでゴールの小川駅だ。

所沢中学校の校門前にある花壇に、所沢市が立てた「旧鎌倉街道」の道標が立っている

八角形の観音堂は奈良・法隆寺の夢殿を思わせる

本堂に祀られる本尊・聖観世音菩薩は行基（ぎょうき）作と伝わる

八角形の観音堂と龍宮門が印象的な古刹

1 新光寺《しんこうじ》

建久4年（1193）に源頼朝が那須野へ巻狩（大規模な狩猟）に向かう途中、ここで昼食をとり、社地を寄進したと伝わる。その後、新田義貞が鎌倉攻めの戦勝祈願を行い、成就の礼に幕府に没収されていた社地を返したという。

埼玉県所沢市宮本町1-7-3

珍しい龍宮門。境内のしだれ桜が咲く風景は「ところざわ百選」の1つ

婦人の真心に感動した弘法大師の贈り物

2 弘法の三ツ井戸《こうぼうのみついど》

語り伝えでは、諸国巡礼をしていた僧（弘法大師）が民家に立ち寄り、一杯の水を求めた。婦人は快く引き受けたが、村に井戸はなく、遠方へ水を汲みに行く。不憫に感じた僧は杖で3ヵ所に印を付け、掘るように指示。村人が従うと良い清水が湧いたという。

埼玉県所沢市西所沢1-26

右奥が弘法の三ツ井戸。かつては50m間隔で3つ掘られていた

柳瀬川に架かる勢揃橋。ここで新田義貞の軍勢が勢揃いしたのが名前の由来という

善光寺式の
金胴阿弥陀三尊を祀る

3 長久寺《ちょうきゅうじ》

元弘元年（1331）の創建。徳蔵寺（p92参照）に保管される「元弘三年の板碑」は、時宗の二祖真教上人の徒弟で、この寺の開山・玖（く）阿弥陀仏が造立したと伝わる。本尊は三仏の背後を1枚の光背が覆う善光寺式の阿弥陀如来三尊。境内のドウダンツツジが有名。

埼玉県所沢市久米411

上／約3000坪の敷地に、本尊、客殿、庫裏、斎場などがある
左／木造の山門前には露座の仁王像が両脇に立ち睨みを利かせている

旅人の心強い存在
平安期の救護施設

4 武蔵国悲田処跡《むさしこくひでんしょあと》

諸説あるが、平安時代の六国史『続日本後紀』に登場する武蔵国悲田処の跡地とされる。悲田処は旅の途上で病気や餓えに苦しむ人を一時的に収容する救護施設で、武蔵国府が設立し、後に国営になったと考えられる。

埼玉県所沢市松が丘1丁目

八国山の裾野に悲田処跡公園が整備され、園内に「武蔵国悲田処跡」の標柱が立っている

新田義貞が戦勝祈願
歴代の徳川将軍も敬った

5 鳩峯八幡神社《はとみねはちまんじんじゃ》

延喜21年（921）に京都の石清水八幡宮を分祀したと伝わる。新田義貞が鎌倉幕府軍と戦った久米川の合戦で八国山に陣を張った際、戦勝を祈願。義貞が兜（かぶと）をかけた松は「兜掛けの松」と呼ばれた。歴代の徳川将軍も崇拝した。

埼玉県所沢市久米2428

右／記念碑の横で次代の兜掛け松を生育中だ
下／覆殿（おおいでん）の中にある本殿は一間社流造で、室町時代築と考えられる

雑木林の中に将軍塚の碑が佇む。戦陣の記憶はこの碑を残すだけだ

八国山の尾根は、今や人気のウォーキングコース。昔は駿河、甲斐、上野など8カ国を望めたという

かつては殺伐とした
戦陣跡は緑の公園に

❻ 将軍塚《しょうぐんづか》

八国山の尾根にあり、新田義貞が久米川の合戦で陣を張った場所と伝わる。新田軍は合戦の勝利後、塚を築いて白旗を立てたという説もある。将軍塚碑の前には「元弘三年の板碑」の所在跡地を示す記念碑が立てられている。

埼玉県所沢市松が丘 八国山内

久米川は「中先代の乱」や「武蔵野合戦」の戦場にもなっている

日本の中世史に残る
数々の戦が行われた

❼ 久米川古戦場跡《くめがわこせんじょうあと》

新田義貞軍と鎌倉幕府軍の戦いは初戦の小手指ヶ原の合戦後、新田義貞軍は入間川、幕府軍は久米川に陣を敷いた。翌日、新田軍は幕府軍に奇襲を仕掛け、久米川の合戦が始まる。劣勢になった幕府軍は分倍河原まで退くことになる。

東京都東村山市諏訪町2-21

元弘三年の板碑をはじめ、約170基の板碑が並ぶ

貴重な文化遺産を集め
日本史研究に大きく貢献

❽ 徳蔵寺《とくぞうじ》

元和年間(1615〜1623)開山と伝わるが、境内から室町時代の宝篋印塔などが見つかっており、開山前から宗教施設があったと推察できる。平成15年に改修した板碑保存館では、板碑のほか、石器、土器、国分寺瓦、古銭なども見られる。

境内自由(板碑保存館は9時〜17時/月曜休/入館200円)/東京都東村山市諏訪町1-26-3/☎042-391-1603

臨済宗大徳寺派の寺で、本尊は白衣観世音菩薩を祀る

板碑保存館は鉄筋校倉（あぜくら）造の2階建てになっている

新田義貞が後詰めを置いた
久米川町の鎮守様

⑨熊野神社《くまのじんじゃ》

創建は定かではないが、境内から応永32年（1425）銘の青銅製鰐口が出土しているので室町時代には存在していたと考えられる。久米川の合戦では新田義貞軍の後詰め（予備軍）が置かれたと伝わる。明治21年（1888）に築かれた富士塚もある。

東京都東村山市久米川町5-13-1

祭神は伊邪那岐命（イザナギノミコト）、
伊邪那美命（イザナミノミコト）など

重厚な木造の山門をくぐると右側に市天然記念物のカヤが立っている

2本の大木がお出迎え
地元に愛される禅寺

⑩梅岩寺《ばいがんじ》

応永5年（1398）に真言宗の観音寺として創建。戦国時代に一山を焼失し、一時荒廃したが慶安4年（1651）に再興され、曹洞宗に改宗した。山門の両脇にカヤとケヤキの大木がそそり立ち、荘厳な雰囲気を漂わせている。

東京都東村山市久米川町5-24-6

上／江戸時代に奉納された「新・四国石仏」。
四国八十八ヵ所参りの本尊88体が並ぶ
右／東京都の天然記念物でもあるケヤキの大木。高さ32.5mもある

上／忿怒（ふんぬ）の表情を浮かべる牛頭天王像。牛頭天王は素盞嗚尊（スサノオノミコト）と同体とされる
右／白山神社覆殿と鳥居

武蔵野地域では珍しい怒った顔の牛頭天王を合祀

⑪ 白山神社《はくさんじんじゃ》

地元では厄除けの神と信仰される。境内にはもう1つ小堂があり、牛頭天王（ごずてんのう）像が祀られている。文政2年（1819）に願主の健康と村内安全を祈願して作られたもので、民家の井戸から発見された。

東京都東村山市久米川町4-41-2

東村山の道をテーマに歴史、文化、民俗を知る

⑫ 東村山ふるさと歴史館《ひがしむらやまふるさとれきしかん》

常設展示室は原始から現代までの「道」をテーマにする。中世コーナーでは鎌倉街道、久米川の合戦、鎌倉・室町期の信仰などを解説している。室町時代の陶磁器、板碑、古文書のほか、正福寺地蔵堂（国宝）の模型も見られる。

9時30分～17時／月・火曜休（祝日の場合は開館で水曜休）／入館無料／東京都東村山市諏訪町1-6-3／☎042-396-3800

中世コーナーでは都内最大級の「貞和の板碑」のレプリカも展示している

九道の辻に立つ馬頭観音と元文5年（1740）建立の石橋供養塔

昭和55年（1980）に復活した九道の辻の「迷いの桜」。新田義貞が鎌倉への目印に植えさせたのが始まりだ

毎年7月に奉安される江戸時代の大獅子頭は必見

⑬ 八坂神社《やさかじんじゃ》

創建年代は不明だが、臨済宗正福寺の別当であることから正福寺創建の弘安元年（1278）頃と推察できる。祭神は素戔嗚尊（牛頭天王）。毎年7月の祭礼では江戸時代に奉納された大獅子頭が奉額殿で公開。

東京都東村山市栄町3-35-1

上／鎌倉街道沿いにあり、多くの旅人も参拝したに違いない
左／地元では「野口の天王様」と親しまれ、平日も参拝者が絶えない

西国分寺駅に近い伝鎌倉街道

Course No. 10

小川▶府中

畠山重忠の恋が散った恋ヶ窪へ

歩行距離 約13.4km

約3時間20分

歩数 約1万7900歩

Start 小川駅
西武拝島線、西武国分寺線

▼

2 熊野神社

▼

3 東福寺

▼

4 姿見の池

▼

5 国分寺

▼

7 真姿の池湧水群

▼

8 馬場大門けやき並木

▼

Goal 府中駅
京王線

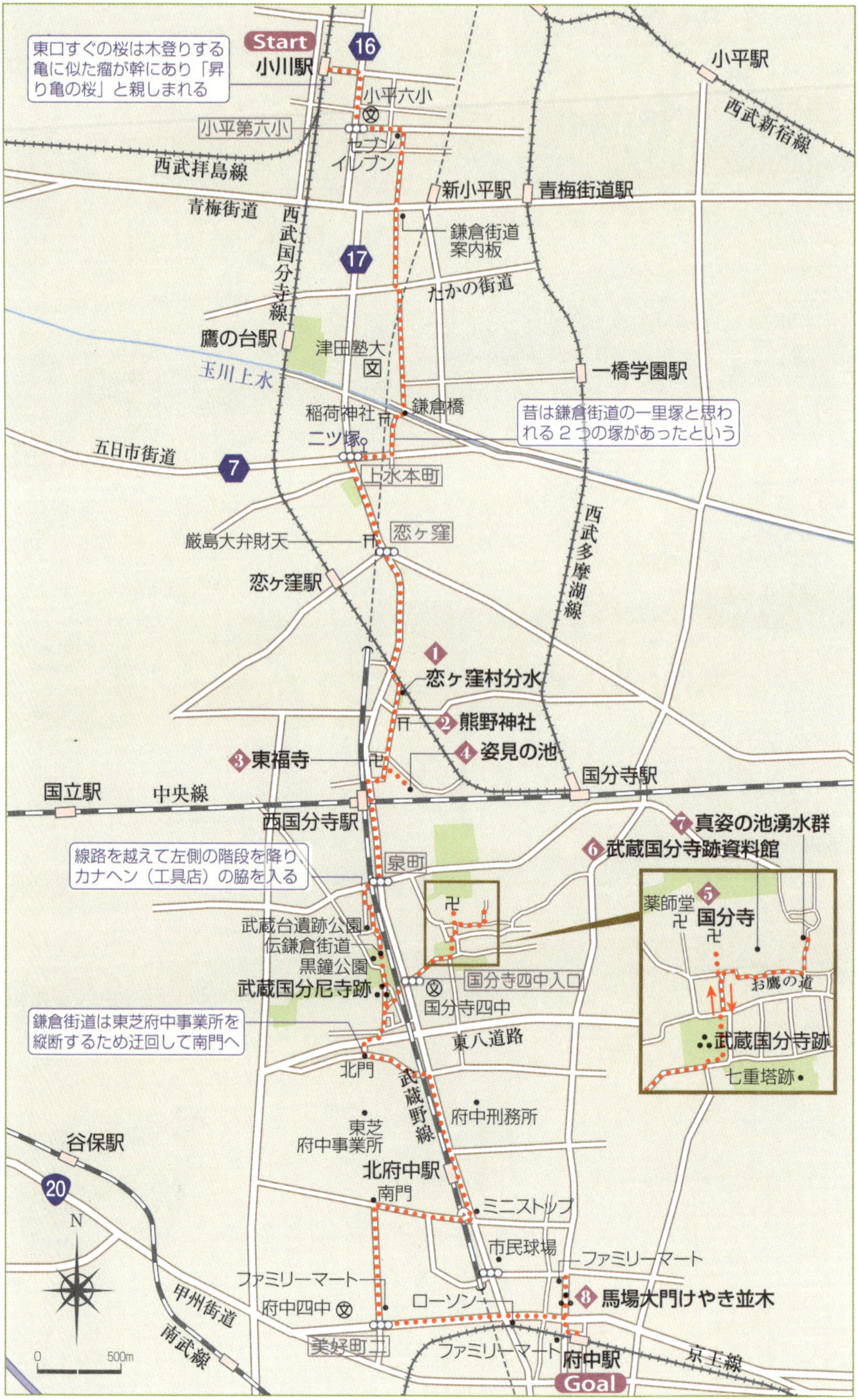

Start
小川駅
東口すぐの桜は木登りする亀に似た瘤が幹にあり「昇り亀の桜」と親しまれる
16
小平六小
小平第六小
セブン イレブン
西武拝島線
小平駅
西武新宿線
新小平駅
青梅街道駅
青梅街道
西武国分寺線
鎌倉街道案内板
17
たかの街道
鷹の台駅
津田塾大
玉川上水
一橋学園駅
鎌倉橋
稲荷神社
二ツ塚
昔は鎌倉街道の一里塚と思われる２つの塚があったという
五日市街道
7
上水本町
厳島大弁財天
恋ヶ窪
恋ヶ窪駅
西武多摩湖線
1 恋ヶ窪村分水
2 熊野神社
3 東福寺
4 姿見の池
国分寺駅
国立駅
中央線
西国分寺駅
7 真姿の池湧水群
6 武蔵国分寺跡資料館
線路を越えて左側の階段を降り、カナヘン（工具店）の脇を入る
泉町
薬師堂
5 国分寺
お鷹の道
武蔵国分寺跡
七重塔跡
武蔵台遺跡公園
伝鎌倉街道
黒鐘公園
武蔵国分尼寺跡
国分寺四中入口
国分寺四中
鎌倉街道は東芝府中事業所を縦断するため迂回して南門へ
東八道路
北門
武蔵野線
府中刑務所
東芝府中事業所
谷保駅
20
北府中駅
南門
ミニストップ
市民球場
ファミリーマート
8 馬場大門けやき並木
ファミリーマート
府中四中
ローソン
美好町二
ファミリーマート
府中駅
Goal
京王線
甲州街道
南武線
N
0
500m

切通しの坂道から圧巻のケヤキ並木へ

新田義貞の鎌倉攻めがコース9から始まり、戦の話が多くなってきた。コース10は鎌倉武士の恋話でも追い、少し気持ちを落ち着かせよう

小川駅から都道16号を右に曲がり、小平第六小学校交差点を左折。セブンイレブンが立つ角を右に入る。曲がり角のすぐ先、交通標識の下に「鎌倉街道」と表示があるので目印にしよう。ここから鎌倉橋まで約1・6㎞はほぼ真っ直ぐの道。平坦地を選び、直線で結ぶ、鎌倉街道の特徴がよく残されている。

鎌倉橋で玉川上水を渡り、道なりに進んで、都道7号を右折。上水本町交差点を左に曲がって都道17号に入る。西武国分寺線の踏切を渡り、すぐ左に入ると❶恋ヶ窪村分水は近い。玉川上水から恋ヶ窪村へ農業用水を引いた水路跡だ。水路沿いに歩いて❷熊野神社を参拝。さらに進むと❸東福寺と❹姿見の池がある。鎌倉時代、この辺りは宿場だった。

こんな語り伝えがある。美人の遊女・夙妻《あさつま》太夫《たゆう》と、畠山重忠がこの宿場で出会い恋に落ちた。幸せな時間もつかの間で、重忠は平家追討に西国へ。残された夙妻は重忠の生還を一心に祈って暮らしていた。すると、夙妻に想いを寄せる恋敵が「重忠は戦死した」と告げ、二人の仲を引き裂こうとする。

男の嘘を信じた夙妻は悲しみに暮れ、姿見の池に身を投げる。哀れんだ村人は墓を作り、松を植えた。松の葉は2本1組が普通だが、この松は悲しみのためか1本しか葉を付けない一葉《ひとは》松になった。重忠は帰国後、夙妻の死を深く悲しみ、阿弥陀如来像を造らせて手厚く弔ったそうだ。

西国分寺駅を通り過ぎ、泉町交差点を右へ。武蔵野線を越え、武蔵台遺跡公園を経て、伝鎌倉街道を歩く。切通しの坂道で、視界が開けると武蔵国分尼寺跡が広がる。この先、鎌倉街道は南へ続くが、武蔵野線の東側へ寄り道したい。武蔵国分寺跡や❺国分寺、お鷹の道沿いにある❻武蔵国分寺跡資料館、❼真姿の池湧水群と、素通りするには惜しい見どころが集まっている。

武蔵国分寺尼寺跡に戻り、南下を再開するとほどなく東芝府中事業所に出る。鎌倉街道は事業所を縦断して南口に抜けるので迂回して、南口から鎌倉街道に戻る。その先、美好町二丁目交差点を左折。国道20号を直進して❽馬場大門けやき並木に出ればゴールの府中駅も近い。

昭和24年（1949）に住民の希望で上水本町の鎮守となった稲荷神社

玉川上水に架かる鎌倉橋。小さいながらも風情のあるいい橋だ

青梅街道沿いの駐輪場に鎌倉街道の案内板があり、街道歩きのよい目印になる

玉川上水の分水では野火止用水に次ぐ歴史を持っている

鎌倉街道沿いを流れた江戸時代の農業用水

1 恋ヶ窪村分水《こいがくぼむらぶんすい》

明暦3年（1657）に3つの村が幕府の許可を得て開削した玉川上水の分水路で、主に農業用水に使われた。堀幅が上端部で約6～9m、深さ5mあり、玉川上水の分水路では規模が大きい。開削時の素掘りの形状も留めていることから平成29年に市の史跡になった。

東京都国分寺市西恋ケ窪1丁目

火渡り神輿でも知られる国分寺市最古の神社

2 熊野神社《くまのじんじゃ》

創建年代は不詳だが、新田義貞の鎌倉攻めで社殿などを焼失したと伝わり、元弘3年（1333）には鎮座していたようだ。9月の例大祭では境内に敷き詰めた藁（わら）に火を付け、その上を神輿が渡御する勇ましい光景が見られる。

東京都国分寺市西恋ケ窪1-27-17

道路から一段高い場所に社殿があり、石段を登って鳥居をくぐる

祭神は家津御子大神（ケツミコノオオカミ）ほか2柱を祀る

聖護院道興准后（しょうごいんどうこうじゅごう）の歌碑

本堂には本尊の大日如来像が祀られている

夙妻を弔う小さな墓と一葉松が境内に

3 東福寺《とうふくじ》

鎌倉時代初期の創建と伝わる真言宗豊山派の寺。夙妻太夫ゆかりの一葉松は昭和56年(1981)に枯れてしまったが、その歴史を後生に伝えるため新たな松を境内に植えている。近年は縁結びのお守り授与を行っている。

東京都国分寺市西恋ケ窪1-39-5

右／重忠と夙妻の物語を次世代に伝えるためにも一葉松の役割は大きい
左／夙妻太夫を弔った傾城墓(けいせいぼ)が一葉の松そばに立つ

昔の姿をイメージして平成の世に美しく蘇った

4 姿見の池《すがたみのいけ》

夙妻太夫が入水したとされる池。名前は宿場の遊女が朝夕に自分の姿を写して見たことが由来という。昭和40年代(1965〜1974)に埋め立てられたが、平成10年に池周辺の湿地、用水路、水辺林を含めて整備した。

東京都国分寺市西恋ケ窪1-8-7

池の北側には木道が整備され、水生植物などを観賞できる

武蔵台遺跡公園には、縄文時代の敷石住居跡が復元されている

薬師堂の木造薬師如来坐像は
自ら飛んで兵火を逃れたという伝説を持つ。
国指定の重要文化財

伝鎌倉街道は、国分寺崖線を切通した約120mの道。
市の重要史跡になっている

右／東久留米市の米津寺から明治28年(1895)に移築した江戸時代の楼門
上／本堂の周りは万葉集に詠まれた植物を植栽した「万葉植物園」になっている

兵火を飛んで逃れた
薬師如来を祀る

5 国分寺《こくぶんじ》

真言宗豊山派の寺で、武蔵国分寺の後継寺にあたる。境内の薬師堂は、新田義貞が戦火で焼失させたお詫びに武蔵国分寺の金堂跡地に寄進したのが始まり。現在の薬師堂は、宝暦年間(1751～1763)に現在地へ遷され、立て替えられた。

東京都国分寺市西元町1-13-16

館内は出土品がズラリ
多彩な瓦が面白い

6 武蔵国分寺跡資料館《むさしこくぶんじあとしりょうかん》

昭和31年(1956)に始まった発掘調査の成果をもとに、武蔵国分寺跡を解説する資料館。土器、硯などの出土品、復元模型などが見られる。創建時の軒先瓦や鬼瓦、郡名文字瓦など、多彩な瓦を眺めるだけでも楽しくなる。

9時～17時／月曜(祝日の場合は翌日)休／入園100円／東京都国分寺市西元町1-13-10／☎042-323-4103

施設は「おたかの道湧水園」内にある。
入口には国分寺村名主の長屋門がある

真姿の池の真ん中に島があり、
弁財天を祀る社が立っている

美女の病を癒やしたと伝わる
環境省名水百選の1つ

7 真姿の池湧水群

ますがたのいけゆうすいぐん

真姿の池は嘉祥元年(848)に絶世の美女・玉造小町が不治の病に苦しみ、国分寺で病気平癒を祈願したところ、一人の童子が「この池で身を清めよ」と告げ、その通りにすると快癒したという伝説から命名された。

東京都国分寺市東元町3丁目・西元町1丁目

江戸時代に近郷の村々は尾張徳川家の御鷹場(おたかば)に指定された。そこから「お鷹の道」と呼ばれるようになった

雑木林に囲まれた断崖の下から湧水がコンコンと湧き、水路を流れていく

現在はケヤキのほか、カシ、エノキなどの木々も共生。
義家像は京王線より南側にある

国指定天然記念物で
府中のシンボル

8 馬場大門けやき並木

ばばだいもんけやきなみき

大國魂神社の参道に植えられたケヤキ並木で、康平5年(1062)に源頼義・義家が奥州征伐の祈願成就の礼にケヤキの苗木1000本を寄付したのが始まりという。その後、徳川家康が補植して、並木の両側に馬場を寄進した。現在残る最古のケヤキは樹齢約600年という。

東京都府中市寿町1丁目内

❖武蔵国分寺跡《むさしこくぶんじあと》

今では地名の方が有名な“国分寺”だが、その語源は奈良時代の国分寺にある。全国に建てられた国分寺には、仏に頼ってでも平和な世にしたいという願いが籠もっている。

僧寺の金堂跡には基壇（土台）が復元されている。上面は古代レンガの塼（せん）が敷き詰めてあった

奈良時代の聖武天皇は、飢饉や疫病の流行、内政の混乱などで不安定になった国内を仏教の力で安定させようと考え、天平13年（741）に「国分寺建立の詔（みことのり）」を発した。詔には国の華としてふさわしい場所を選びなさいと書かれている。

武蔵国では、現在の府中市にあった国府から東山道武蔵路を2kmほど北上した場所が選ばれた。国分寺は僧寺と尼寺の一対が原則で、武蔵国分寺は東山道の東側に僧寺、西側に尼僧寺を設けた。寺の正式名称は僧寺が「金光明四天王護国之寺（こんこうみょうしてんのうごこくのてら）」、尼寺は「法華滅罪之寺（ほっけめつざいのてら）」。

僧寺の（伽藍地）規模は約400m四方に及び、全国屈指の大きさ。尼寺は約150m四方の敷地を有していた。それぞれ敷地内には立派な伽藍が建てられたが、新田義貞の鎌倉攻めによる戦火で焼失。建武2年（1335）に新田義貞が薬師堂を再建したと伝わるが、そのほかは再建されなかったようだ。

時代は下り、大正11年（1922）に僧寺と尼寺の跡地は「武蔵国分寺跡」として国の史跡となる。両跡地は国分寺市の発掘調査を経て、現在、市立歴史公園になっている。

発掘調査に基づき基壇などを再現

歴史公園内は建物こそないが、僧寺の講堂基壇（復元）、中門や鐘楼の平面表示、想像図入りの説明板などがあり、昔の様子を知る手がかりになる。

僧寺の伽藍配置は、南門、中門、金堂、講堂が一直線に並び、金堂の東側に鐘楼と東僧坊、西側に経蔵と西僧坊があった。中門から少し東側には高さ60mほど（推定）の七重塔も立っていた。尼寺の伽藍配置も基本的には同じで、講堂の後ろに尼坊が立ち、七重塔はなかった。

金堂は本尊を安置した本堂であり、僧寺の金堂は古代レンガを上面に敷き詰めた基壇のうえに東西7間（36.1m）、南北4間（16.6m）の入母屋造または寄棟造の堂舎が立っていた。全国の国分寺の中でも最大級だったらしい。つくづく焼失が悔やまれる。

尼寺の尼坊跡。調査で柱の位置がわかり、新たに礎石を置いてある

武蔵国分寺跡資料館（P100参照）では武蔵国分寺のジオラマが見られる

大國魂神社

Course No. 11

府中▼京王永山

新田義貞の正念場・分倍河原へ

歩行距離 約11km

約2時間45分

歩数 約1万4600歩

Start **府中駅**
京王線

▼

1 **大國魂神社**

▼

3 **善明寺**

▼

4 **三千人塚**

▼

5 **髙安寺**

▼

8 **分倍河原古戦場跡**

▼

10 **観音寺**

▼

11 **霞ノ関南木戸柵跡**

▼

Goal **京王永山駅**
京王相模線、小田急多摩線

Start
府中駅
20
甲州街道
美好町交番前
美好町二
武蔵野線
府中四中
府中美好局
片町二
南武線
6 屋敷分の庚申塔
浅間神社
分梅通り
八幡太郎
源義家公之像
馬場大門
けやき並木
3 善明寺
1 大國魂神社
2 武蔵国府跡
府中本町駅
西府駅
7 八雲神社
分倍河原駅
新田義貞像
5 高安寺
下河原緑道
坂道沿いの寺名をとって
光明院坂と呼ばれた
光明院
分梅駐在所
セブンイレブン
中央自動車道
4 三千人塚
分梅橋
新田川分梅公園
8 分倍河原古戦場跡
ローソン
セブンイレブン
ライフ
中河原駅北
京王線
中河原駅
関戸橋北
多摩川
関戸橋
昭和 12 年（1937）に橋が完成する
るまで渡船「関戸の渡し」があった
聖蹟桜ヶ丘駅
新大栗橋
大栗川
セブンイレブン
9 関戸古戦場跡
ここから多摩市役所までは上り坂になる
川崎街道
10 観音寺
18
熊野神社
11 霞ノ関南木戸柵跡
熊野神社前
原峰公園
乞田川
12 沓切坂
多摩市役所
多摩市役所
乞田
Goal
京王永山駅
小田急永山駅
京王相模原線
小田急多摩線
N
0
500m

国府をゆっくり巡り いよいよ古戦場へ

奈良・平安時代、中央政府は日本列島を60余りの国に分けて、各国に地方支配の拠点・国府を置いた。鎌倉街道が通る埼玉県、東京都、神奈川県の一部は武蔵国に入り、国府は府中にあった。いまでいう官庁街は❶大國魂《おおくにたま》神社あたりだ。

コース10で離れた鎌倉街道との合流点は国道20号の美好町二丁目交差点。駅から直接向かう方が近いが、ちょっと寄り道しよう。

大國魂神社は別名「六所宮《ろくしょぐう》」といい、武蔵国の著名な神社六社の神を合祀する。国司《こくし》の重要な仕事に神社の巡拝や神事執行があるが、武蔵国は各神社が離れているため一社に合祀させたそうだ。

国司が暮らした❷武蔵国府跡を経て、❸善明寺に詣でる。阿弥陀堂に安置される鉄造阿弥陀如来坐像は、畠山重忠が夙妻《あさつま》の供養に作らせたともいわれている。

旧国鉄下川原線の廃線跡となる下河原緑道を往復して❹三千人塚を参拝したら、❺高安寺を訪ねる。室町幕府を開いた足利尊氏が再興した寺で、鎌倉府の長官（鎌倉公方）の陣所にもなっている。分倍河原《ぶばいがわら》駅前で新田義貞の騎馬像を見たら、国道20号の美好町二丁目交差点に出るとしよう。

国道20号を左に進み、美好町交番前を左折して、分倍通りに入る。❻屋敷分の庚申塔、❼八雲神社を経て、南武線の踏切を渡り、光明院坂を下る。そのまま直進して、中央自動車道の高架をくぐると、ほどなく左側に❽分倍河原古戦場跡がある。

コース9の久米川古戦場で、鎌倉幕府軍に勝利した新田義貞軍はここまで進撃して、第3ラウンドに入る。鎌倉幕府軍は執権・北条高時の弟である北条泰家を総帥に大軍で迎え撃ち、新田義貞軍は大敗。堀兼（狭山市）まで退却する。その途中、武蔵国分寺に火を放って焼失させたという。これで終わらないのが、歴史の面白さ。今度は新田軍に三浦義勝ら相模の武士団が味方に付き、幕府軍が負ける。

多摩川を渡る。新大栗橋交差点に出ると正面の道が2本に分かれるので、右側の細い道を行く。大栗橋を渡るとほどなく右側に❾関戸古戦場跡と書かれた地蔵堂がある。

そのまま道なり歩き、❿観音寺、⓫霞ノ関南木戸柵跡とつなぐ。原峰公園入口を過ぎ、Y字路を右に進むと⓬沓切坂が待っている。多摩市役所を過ぎると、あとは下り坂。乞田交差点を左に曲がり、すぐ右側の道に入る。乞田川を渡り、京王相模線の高架が見えたら左へ。10分ほどでゴールの京王永山駅に着く。

切妻千鳥破風で素木造りの拝殿は明治18年（1885）に建てられた

国府の中心地となり
多くの武将に崇拝された

1 大國魂神社

おおくにたまじんじゃ

景行天皇41年（111）の創建と伝わる。三殿一棟の本殿に武蔵国六社の神を祀ることから「六所宮」とも呼ばれた。源頼義・義家をはじめ、源頼朝、藤原頼経、徳川家康からも崇敬された。頼朝は使者を送り、妻・政子の安産を祈願している。

東京都府中市宮町3-1

右／樹齢約1000年の大イチョウ。根元に生息する蜷貝（にながい）を煎じて飲むと母乳の出がよくなると伝わる
上／平成23年に改築した随神門

上／嘉永7年（1854）に再建された鼓楼
左／境内に立つ摂社の宮乃咩神社（みやのめじんじゃ）は安産の神様で、底の抜けた柄杓を奉納する

スマートホン持参で
再現映像を見ることも

❷武蔵国府跡《むさしこくふあと》

約1300年前に国府で働く国司の居宅が立っていた。江戸時代には徳川家康が府中御殿を築き、鷹狩りの際の休憩や宿泊所に使った。没後、静岡の久能山から日光の東照宮へ移葬する際に一行が逗留し、法要を行っている。

東京都府中市本町1-14

国司館の柱を実物大で再現。案内板の二次元コードをスマートホンで読み込むと再現映像が見られる

どっしりと存在感を示す
鉄造の仏像は年1回の開帳

❸善明寺《ぜんみょうじ》

開創年代は不詳ながら、江戸時代中期まで大國魂神社の別当であった。延享元年（1744）に神戸（現府中市宮西町）から現在地へ移転し、堂舎を整えた。境内の阿弥陀堂には「金仏様」とも呼ばれる鉄造阿弥陀仏2体が安置され、毎年11月3日に開帳する。

東京都府中市本町1-5-4

下／阿弥陀堂の鉄造阿弥陀仏は座高178㎝あり、現存する鉄仏では国内最大級で国の重要文化財　左／商店街から路地を入ると山門が立つ

康元元年（1256）銘が入った板碑。雨や日差しから板碑を守る屋根が設けてある

多摩地区では最古の
板碑が塚の上に立つ

❹三千人塚《さんぜんにんづか》

語り伝えでは分倍河原の合戦で亡くなった三千人の戦死者を埋葬した塚という。しかし、昭和・平成の調査で火葬骨を収めた骨壺と板碑が複数見つかり、この辺りの有力者一族による墓地だと考えられている。

東京都府中市矢崎町2-21

天台宗の寺で、本堂には釈迦如来を祀る

頼朝の許しを祈願して
義経が写経したという

5 高安寺 こうあんじ

平将門の乱を平定した豪族・藤原秀郷(ひでさと)の館跡に建てられた見性寺(けんしょうじ)が前身。この頃、源頼朝の怒りを買い、鎌倉入りを許されなかった源義経がしばらく滞在して、赦免(しゃめん)祈願に大般若経を写経したという語り伝えがある。

東京都府中市片町2-4-1

義経の写経のために、弁慶が水を汲んだと伝わる弁慶硯の井戸

足利尊氏の改名前は「足利高氏」で、高の一字が寺号に使われた

明治に建立した山門。正面に仁王像、後ろに地蔵尊と奪衣婆の像が鎮座する

青面金剛と三猿を刻んだ
江戸時代の庚申塔

6 屋敷分の庚申塔

やしきぶんのこうしんとう

現在の美好町3丁目に「屋敷分」という集落があった。役所が置かれていた区画である国衙(こくが)で働き、後に六所宮の神官になる鹿島田氏、佐野氏などの屋敷があったことが地名の由来。庚申塔は延宝2年(1674)建立で、府中市では最古となる。

東京都府中市美好町3丁目 浅間神社内

昭和46年(1971)から中学校、博物館と旅し、平成13年に元の集落へ戻った

分倍河原駅前の
新田義貞像

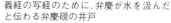

鎌倉、室町時代に
大きな合戦が2度もあった

8 分倍河原古戦場跡《ぶばいがわらこせんじょうあと》

新田義貞の鎌倉攻めの戦場として有名だが、室町時代の享徳（きょうとく）の乱でも戦場になった。鎌倉府の足利成氏（しげうじ）と関東管領上杉氏の争いで、足利氏はここでは勝利するが、後に鎌倉を追われ、下総国古河へ本拠を移した。

東京都府中市分梅町2-59

元応元年（1319）の板碑をカシの古木が包み込んだ通称「抱き板碑」。現在は複製を設置

上／古戦場跡は新田川（しんでんがわ）分梅公園として整備されている
下／昭和10年（1935）建立の記念碑。新田氏の子孫で元男爵の新田義美が揮毫した

普段は静かな境内も、例大祭では露店が出て人であふれかえる

700年前から信仰される
分倍地域の鎮守様

7 八雲神社《やくもじんじゃ》

古くは天王宮といい、祭神に素盞嗚命（スサノオノミコト）を祀る。毎年7月の「天王祭」では、宮神輿と大太鼓が町中を渡御。大太鼓は大人3人が乗っても大丈夫な大きさで、ドンドンと腹に響く音を町中に響かせる。

東京都府中市分梅町1-18

新田軍の掃討戦が行われ
幕府軍が命がけで戦った

9 関戸古戦場跡《せきどこせんじょうあと》

軍記物語『太平記』には、分倍河原の合戦で負けた北条泰家を新田軍から逃がすため、家臣の横溝八郎と安保入道（あぼにゅうどう）父子が奮戦して、討ち死にしたとある。安保入道はコース3で登場した安保氏の一族だ。

東京都多摩市関戸5-23

江戸時代に建立された地蔵尊。堂舎の前に「関戸古戦場跡」の標柱が立つ

敵味方の関係なく
今も合戦の戦没者を弔う

⑩ 観音寺《かんのんじ》

建久3年(1192)に渡来僧が聖観世音菩薩を祀る草庵を結んだのが始まり。古くは「関戸観音堂」と呼ばれ、武相観音霊場7番や多摩川観音霊場12番ほかの札所になっている。関戸古戦場に近く、毎年5月には「関戸合戦総供養会」を行っている。

東京都多摩市関戸5-31-11

上／弘法大師像と本堂。墓地には江戸時代の絵師・相澤五流の墓がある
上左／愛らしいなで観音の手に触れながら願いごとをすると叶うとか

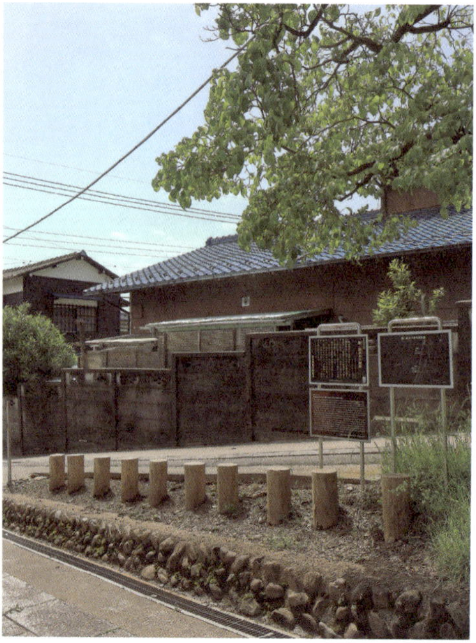

丸柱は約45cm間隔で並べてあった。現在、丸柱が再現されている

鎌倉幕府執権の北条氏が
防衛のために築いた柵

⑪ 霞ノ関南木戸柵跡《かすみのせきみなみきどさくあと》

建暦3年(1213)に設けられた木柵の跡。熊野神社参道に丸柱の痕跡が16個、通りを挟んだ東側に6個見つかった。一説では御家人和田義盛の反乱(和田合戦)後、残党の襲撃に備えて鎌倉幕府が設置したという。その後、小田原北条氏の関所になった。

東京都多摩市関戸5-35-5

新田義貞も困らせた？
旅人泣かせの急坂

⑫ 沓切坂《くつきりざか》

原峰公園入口を過ぎて、少し歩くと右に分かれる細い道がある。道の両側に樹林が続く上り坂が「沓切坂」だ。昔は馬の沓(わらじ)が切れるほどの急坂で、それが名前の由来という。現在は難なく上れるのでご安心を。

東京都多摩市関戸6丁目内

鎌倉軍を追撃する新田義貞の馬の沓が切れたとする説もある

小野路宿の通り

Course No. 12

京王永山▼町田

緑の丘陵に点在する街道遺構を追う

歩行距離 約14km

約3時間30分

歩数 約1万8600歩

Start 京王永山駅

京王線相模原線
小田急多摩線
小田急永山駅が隣接

▼

3 一本杉公園

▼

4 小野路宿里山交流館

▼

5 野津田公園

▼

6 七国山

▼

8 宏善寺

▼

10 菅原神社（井手の沢古戦場跡）

▼

Goal 町田駅

ＪＲ横浜線、小田急小田原線

多摩都市モノレール
日本医科大学多摩永山病院
永山駅前通り
京王永山駅
Start
豊ヶ丘北公園
小田急永山駅
京王相模原線
小田急多摩線
京王多摩センター駅
小田急多摩センター駅
多摩センター駅
若葉台駅
1 念仏供養板碑
青陵中
はるひ野駅
唐木田駅
貝取南公園
セブンイレブン
18
恵泉女学園大前
恵泉女学園大
妙櫻寺
3 一本杉公園
一本杉公園への分岐から少し歩くと左側に土道がある
156
関屋の切通し
4 小野路宿里山交流館
小野神社前
平安初期の和漢に優れた公家・小野篁（たかむら）を祭神とする古社
小野神社
野津田公園北
湿性植物園
ばら広場
野津田球場
5 野津田公園
上野原グラウンド
鎌倉街道遺構（野津田）
鎌倉街道道標
華厳院
57
会員農場のビニールハウス手前を左に入る
丸山橋
民権の森
町田ぼたん園
鶴見川
鶴川駅
小田急小田原線
薬師池公園
町田ダリア園
千代ヶ丘入口
日向山公園
3
ファミリーマート
8 宏善寺
9 養運寺
玉川学園前駅
菅原神社
ローソン
菅原神社
10（井出の沢古戦場跡）
この先のＹ字路で左側に進むので交差点を渡っておくといい
古淵駅
セブンイレブン
町田高
52
横浜線
中町交番前
ファミリーマート
境川
町田駅
Goal
16
N
0
1km
セブンイレブン
コモディイイダ
麦花塚
貝取山緑地
貝取神社
大福寺
18
貝取北公園
鎌倉街道
サントク
青陵中北
2 大シラカシと庚申塔
七国山
6
七国山ファーマーズセンター
薬師堂
7 薬師池公園
鎌倉井戸
庚申塔

中世の街道を歩くような雰囲気満点の道が続く

　京王永山駅から永山駅前通りに出て、日本医科大学多摩永山病院を回り込み、都道18号に出る。そのまま直進して最初の十字路を左折。マンションの手前を右に入ると❶念仏供養板碑を安置した小屋がある。都道に出て、麦花塚《ばっかつか》の前を右に曲がり、左側の階段から貝取山緑地の尾根に上がる。最初の登りは少しきついが、雑木林の中は日差しも柔らかく、気持ちいい。

　大福寺の屋根が見えたら、車道に架かる橋を渡り、最初の十字路を右へ。道なりに歩き、広い車道（貝取大通り）に出たら、左へ曲がる。ここから恵泉女学園大学前交差点までは一本道。やや単調なので、❷大シラカシと庚申塔に寄り道しながら、先に進もう。

　交差点を渡ると、左に妙櫻寺が見える。鎌倉時代の鎌倉街道は寺の先から左側の樹林に入り、小野路町へ抜けたが、現在は私有地であったり、道がなかったりして歩けない。

　しかし、後に鎌倉街道と呼ばれた旧道は歩ける。大学の門から左の細い道に入り、5分ほど歩くと❸一本杉公園がある。その先、道は公園に沿って右に曲がるが、左へ上がる土の道がある。ここが鎌倉街道の入口だ。昼なお暗い鬱蒼とした樹林の中に掘割状の土道が続いていて、これぞ鎌倉街道といった感じである。

　都道156号を左に進むと宿場の雰囲気を残す小野路町に出る。❹小野路宿里山交流館でひと休みしたら、❺野津田公園へ。鎌倉街道は園内の東側を回り込むように通っていて、南側には鎌倉街道遺構（野津田）もある。

　丸山橋を渡り、左側にある会員農場の脇を入って❻七国山に入る。軽い上りになるが、「鎌倉街道上ノ道」の案内板までくれば勾配は緩くなる。

　舗装道に出たら、右側に鎌倉井戸がある。このまま坂を下りてもいいが、せっかくなら❼薬師池公園に寄り道していこう。薬師池を中心にした公園で四季の花が楽しめる。

　鎌倉井戸に戻り、坂道を下る。町田ダリア園の西側を通り、右側に団地が見える長い坂道を下ると千代ヶ丘入口交差点に出る。交差点を渡り、道なりに歩くと都道18号に出る。右側の信号で都道を渡り、恩田川の東側を進むと❽宏善寺、❾養運寺がある。

　養運寺を出たら左に進み、最初の交差点を右へ。5分ほどで❿菅原神社（井出の沢古戦場跡）が見える。交差点を左に曲がり、その先の分岐を左に入ると30分ほどでゴールの町田駅に到着だ。

上／板碑を収める祠は、マンションの角を曲がり、通りの突き当たりの右側にある
下／大きさは高さ150cm、幅38cm。一般的な板碑もあるので見比べてみよう

地元の人も見過ごしがちな
室町時代の画像板碑

❶ 念仏供養板碑

ねんぶつくようういたび

文明2年(1470)に10名の村人が念仏講を作り造立した。通常の板碑は仏を現す種子(梵字)を記すが、この板碑は阿弥陀如来、観音菩薩、勢至菩薩の画像が描かれている。後期画像板碑の代表的な形で、市内最大の板碑である。

東京都多摩市貝取1-15

団地の公園に移された
江戸時代の庚申塔と古木

❷ 大シラカシと庚申塔

おおしらかしとこうしんづか

大シラカシは樹高約15m、推定樹齢100年以上で、多摩ニュータウンの造成時にこの地に移植した。根元にある大小の庚申塔はその際に一緒に遷されたもの。大きい庚申塔は集落の辻にあったが、その前を馬が通ると暴れるため、大シラカシの根元に遷して祀ったそうだ。

東京都多摩市貝取2丁目

母親の膝枕で眠る子どものように、庚申塔が大木に寄り添っている

江戸時代に築造した
多摩市の古民家を移築

❸ 一本杉公園

いっぽんすぎこうえん

昭和57年(1982)に開園した公園で、大きな池や広い芝生、野球場、テニスコート、梅林、古民家などがある。古民家は寄棟造の旧有山家と入母屋造の旧加藤家の2棟。どちらも江戸時代の建築で、屋敷内も見学できる。

東京都多摩市南野2-13

上／池の周りに散策道が整備され、木道で渡ることもできる
左／寄棟造の旧有山家は、茅葺き屋根が銅版葺き屋根になったが、ほぼ昔の姿を忠実にとどめている

恵泉女子大から小野路町へ抜ける鎌倉街道は、山中を切り開いた道で、往時の姿を残している。雨上がりは滑りやすいので注意

関屋の切通し。
鎌倉時代の鎌倉街道は
切通しの上を通過していたそうだ

小野路宿の旅籠が
里山歩きの休憩スポットに

④小野路宿里山交流館《おのじじゅくさとやまこうりゅうかん》

小野路宿は江戸時代に大山参りの宿場として賑わい、いまも宿場の面影が残る。宿内には6軒の旅籠があり、そのうちの旧角屋を改修して観光の拠点にした。小野路うどんやコロッケなどの軽食、特産品の販売、散策情報の提供を行っている。

9時～17時（食事は11時～13時30分LO）／無休／入館無料／東京都町田市小野路町888-1／☎042-860-4835

母屋では座敷やテーブル席で休憩や食事ができる。
蔵ギャラリーもある

昭和4年（1929）前後築の長屋門。旅館時代と同じ場所に立っている

「ばらの広場」には380品種、約840株のバラが植栽され、春と秋に開花する

落葉樹林や草地を巡る
里山エリアの散策路が楽しい

5 野津田公園《のつだこうえん》

起伏に富んだ地形に豊かな自然が残る里山エリアと野球場、陸上競技場、テニスコートなどの運動施設を合わせ持つ総合公園。平成5年から7年に園内で発掘調査が行われ、鎌倉街道と推測できる遺構が見つかり、注目された。

東京都町田市野津田町内

自由民権運動家・村野常右衛門の生家を移築。建物内も見学できる

切通しになった
野津田地域の鎌倉街道遺構。
野津田公園の上の原広場に隣接する

鎌倉街道遺構近くに
立つ華厳院。
遺構が「華厳院坂」と
呼ばれる所以だ

山頂近くの鎌倉井戸は、新田義貞が鎌倉攻めの際、馬に水を飲ませるために掘ったと伝わる

豊かな自然と眺望が自慢
町田市屈指の観光スポット

6 七国山《ななくにやま》

標高約128mの丘陵ながら、昔は相模、甲斐、伊豆、駿河、信濃、上野、下野の七国が望めたという。鎌倉街道上道の古道が残されており、近くには町田ぼたん園、ふるさと農具館、薬師池公園、町田ダリア園などもあることから、人気の散策コースになっている。

クヌギ、コナラなどの樹林の中に掘割状の鎌倉街道が残されている

約180品種、2200株のハナショウブを植栽した菖蒲田は6月中旬が見頃

東京都指定名勝でもある
町田市民の憩いの場

7 薬師池公園《やくしいけこうえん》

薬師池は天正18年（1590）に完成した水田用水池で、当時は「福王寺池」と呼ばれた。江戸時代の古民家や薬医門のほか、梅、桜、アジサイ、ハナショウブ、ハスなど季節の彩りも楽しめる。隣接の薬師堂には行基作と伝わる薬師如来が祀られている。

6時～18時（6月～8月は～19時）／無休／入園無料／東京都町田市野津田町3270／☎042-724-4399（町田市公園緑地課）

上／薬師堂は明治16年（1883）に再建。各所に施された彫刻が見どころ　左／多摩丘陵で代々農業を営んできた旧永井家の住宅。茅葺きの寄棟造だ

春はしだれ桜に彩られる 日蓮聖人ゆかりの寺

8 宏善寺《こうぜんじ》

創建時は真言宗の寺だったが、文永8年(1271)に佐渡流罪になった日蓮聖人が休憩で立ち寄り、住職を教化。板本尊も贈られ、日蓮宗に改宗した。その後、戦火で堂舎を焼失。暦応元年(1338)に日海(にっかい)上人が再興した。

東京都町田市本町田3409

昭和42年（1967）築の本堂。江戸時代は7石の朱印状を得た

仁王門は明治18年（1885）再建だが、仁王像は江戸時代中期作と伝わる

仁王門を入ってすぐ、手入れの行き届いた境内に六角堂が立つ

日蓮聖人の銅像。この寺の山号と寺号は日蓮聖人が贈ったものだ

漆箔の阿弥陀三尊と ムクロジの古木で知られる

9 養運寺《ようんじ》

永禄10年(1567)の開創。本尊は観音菩薩と勢至菩薩を従えた阿弥陀如来三尊。いずれも寄木造で、漆の上に金箔を押す漆箔(しっぱく)、玉眼嵌(ぎょくがんかん)の技法が用いられ、室町時代後期の作品といわれる。観音堂の本尊は12年に一度の卯年に開帳。

東京都町田市本町田3654

上／本堂は文政6年（1823）の建物を改築。平成28年に完成した　左／平成11年再建の鐘楼堂。手前にはムクロジの古木が立つ

名主の大沢氏が京都の北野天満宮から菅原道真の尊像をもらい受け、祀ったのが始まり

学問の神・菅原道真を祀り 町田三天神に数えられる

10 菅原神社(井出の沢古戦場跡)《すがわらじんじゃ(いでのさわこせんじょうあと)》

永享年間(1429～1441)の創建。建武2年(1335)に、この地で足利尊氏の弟・直義と北条時行が争った井出の沢合戦(中先代の乱)があったことから、境内に古戦場跡の碑が立つ。この戦の戦没者の供養のため神社を創建したという説もある。

東京都町田市本町田802

井出の沢古戦場碑。北条時行は足利氏に勝利し鎌倉を20日余り支配した

瀬谷町の通り

Course No. 13

町田▶瀬谷

郷愁をそそる瀬谷町の通りを歩く

歩行距離 約12km

約3時間

歩数 約1万5900歩

Start 町田駅
ＪＲ横浜線
小田急小田原線町田駅が隣接

▼

3 町田天満宮

▼

5 圓成寺

▼

6 若宮八幡宮

▼

7 妙光寺

▼

8 善昌寺

▼

10 徳善寺

▼

Goal 瀬谷駅
相鉄本線

鎌倉街道
合流点
原町田中央通り
1 浄運寺
セブンイレブン
Start 町田駅
2 勝楽寺
市立中央図書館前
ファミリーマート
ルーチェ（イタリアン）
歩行者と自転車だけが渡れる町田参宮橋を上がる
3 町田天満宮
成瀬駅
横浜線
杉山神社
小田急小田原線
相模大野駅
56
4 泉龍寺
金森天満宮
16
鶴金橋
セブンイレブン
東急田園都市線
南町田パークホームズ
ファミリーマート
西田峯山公園
246
境川
常楽寺
八坂神社
熊野神社
八坂神社
熊野神社
すずかけ台駅
ファミリーマート
南町田北
南町田駅
鶴間公園
グランベリーパーク
（2019年11月開業）
中央林間駅
つきみ野駅
横浜町田
インター
鶴間小
5 圓成寺
東名高速道路
陸橋を渡り、風情ある坂道を登る
第六天神社
マークスプリングス
ファミリーマート
ファミリーマート
6 若宮八幡宮
小田急江ノ島線
高速道路の下をくぐる
牢場坂案内板の手前、右側の竹藪へ入る道に五輪塔がある。通り抜けはできないので戻ること
グランドオータ瀬谷店（パチンコ）
上瀬谷公園
城山史跡公園
牢場坂
上瀬谷小
北向地蔵堂
7 妙光寺
瀬谷養護学校
8 善昌寺
246
瀬谷銀行跡
瀬谷町の通り
瀬谷神明社
N
467
9 日枝神社
瀬谷本郷公園
0
1km
10 徳善寺
大和駅
大門小
瀬谷中
相鉄本線
瀬谷駅 Goal

繁華街の町田を発ち いよいよ神奈川県へ

町田駅北口前の高架広場を下りて、原町田中央通り交差点に向かう。ここを右折することからコース13は始まるが、左側を見てみよう。2つの通りの合流点にいることがわかる。右はこれまで歩いてきた鎌倉街道上道。左は藤岡から秩父方面を回ってきた鎌倉街道山ノ道だ。2つの鎌倉街道はここから一緒になり、鎌倉を目指していく。

ビルとビルの間に参道が伸びる❶浄運寺や❷勝楽寺を参拝した後、JR横浜線に架かる町田参宮橋を渡る。階段を下りると左側に❸町田天満宮がある。境内を迂回して、最初の十字路を左に曲がり、道なりに進むと、両側に民家が並ぶ直線の道になる。

左側から延びて来る都道56号に合流。杉山神社を過ぎ、最初の信号を渡ると、車線が広くなり、緩やかな下り坂が始まる。鶴金橋交差点に出たら、少し寄り道になるが、❹泉龍寺を訪ねてみよう。落ち着いた雰囲気の禅寺で、境内に三重宝塔が立っている。

都道56号に戻り、西田峯山公園へ。すぐ信号があり、その先のY字路を右に入る。マンションの前で車道を渡り、八坂神社、熊野神社をつないで国道16号を渡る。南町田北交差点を背にして、最初の角を左に入り、道なりに歩くと南町田駅の手前に出る。

東急田園都市線を跨線橋で渡り、鶴間公園の脇を抜けて、鶴間小学校を目指す。国道246号を陸橋で渡り、坂道を上れば左側に❺圓成寺がある。参拝後、陸橋を渡り最初の角を左へ。すぐのY字路を右に進むと、ヨーロッパ風の戸建てとマンションからなる「マークスプリングス」に出る。

左に迂回して、2軒のファミリーマートが通りを挟む信号を渡る。道なりに歩き、東名高速道路の高架をくぐると❻若宮八幡宮に到着だ。牢場坂を経て、❼妙光寺を過ぎ、北向地蔵堂の前を右に折れる。❽善昌寺の先で、道は直角に2度曲がり、左側に竹垣の瀬谷銀行跡が見える。ここから❾日枝神社までの風景がいい。狭い道の両側に昔ながらの平屋や2階建ての家屋が並び、きれいに刈り揃えた生け垣が趣を添える。曲がった道の先にはケヤキの大木が待っていたり、はしごやふいごを壁に下げた大きな納屋があったりして、初めてなのになぜか懐かしい。何度でも歩きたくなる不思議な道だ。

最後に❿徳善寺を詣でたら、境内の北側を通り、ゴールの瀬谷駅へ向かおう。

2つの鎌倉街道が合流する原町田中央通り交差点。中世の道筋が現代も生かされている

平成の大改修で屋根を替えた本堂。
境内に名主が泥棒を退治した「野盗塚」がある

平成の大改修により
本堂も境内も美しく

❶ 浄運寺《じょううんじ》

天正5年（1577）に創建した日蓮宗の寺。その後、伽藍を整えたが、明治の火災で全焼した。昭和3年（1928）に本堂を再建。平成12年から平成の大改修を行い、仏像修復、山門や妙見堂、浄運寺会館の新築を行った。

東京都町田市原町田6-21-28

奥が無量寿の塔。平成の大改修では町田市の芸術家・三橋國民が改修全体を監修した

伝統と歴史を守りつつ
新時代に即した寺へ

❷ 勝楽寺《しょうらくじ》

天正元年（1573）の創建。平成20年に都市計画道路の新設で境内が分断され、大規模な整理を行い生まれ変わった。地上9階建ての納骨堂「無量寿の塔」やギャラリー併設の「釈迦堂」は多くの壇信徒を受け入れる智恵だ。

東京都町田市原町田3-5-12

本堂には享禄５年（１５３２）に仏師円慶が彫った阿弥陀三尊が祀られる

昭和42年（1967）新築の社殿。明治時代再建の旧社殿は摂社として隣に立つ

毎年9月の秋季例大祭には町内を神輿が巡幸し大賑わい

③町田天満宮《まちだてんまんぐう》

慶長15年（1610）頃、原町田の開拓者である三橋、武藤両家が、北野天満宮より菅原道真の尊像をもらい受け祀ったのが始まり。毎年9月の秋季例大祭は神輿渡御が行われるが、なぜか雨天が多く、地元では「雨の天神様」と呼ばれている。

東京都町田市原町田1-21-5

京都の伏見稲荷から勧請した出世稲荷社

杉山神社の参道には庚申塔、日待塔、道祖神などの石造物が並んでいる

400余年、境川西岸で釈迦三尊を祀ってきた

④泉龍寺《せんりゅうじ》

享禄年間（1528～1531）に浄土宗の西光寺が曹洞宗に改宗。寺号を「泉龍寺」に改めた。境内でひと際目を引く三重宝塔は、昭和63年（1988）完成で、壇信徒の忠魂安養や世界平和を祈念して建てられた。

神奈川県相模原市南区上鶴間本町8-54-21

山門の奥に見える三重宝塔の堂内には十一面観世音菩薩と平和観世音菩薩が祀られる

聖徳太子立像を安置する室町時代から続く浄土宗の寺

⑤圓成寺《えんじょうじ》

新編『武蔵風土記』によると、天正年間（1573～1592）に戦国武将・北条氏綱の家臣山中貞信が出家し、厚木市飯山に堂舎を建て、浄土真宗の高僧・恵心僧都（えしんそうず）作と伝わる阿弥陀如来を祀ったとある。その後、現在地へ。

東京都町田市鶴間5-17-1

右／梵鐘は昭和24年（1949）鋳造
左／本堂には本尊の阿弥陀如来のほか、室町時代作と伝わる子供の頃の聖徳太子像も安置

春は境内が桜色に染まる
地元で人気の花見スポット

6 若宮八幡宮《わかみやはちまんぐう》

創建の詳細は不明だが、室町時代の武将・北条早雲（そううん）から相州東郡（旧鎌倉郡、高座郡）北部の守りを託された家臣の山田経光が宝徳年間（1449～1451）に深見城を築く際、鬼門（北西）の抑えに勧請したと伝わっている。

神奈川県横浜市瀬谷区上瀬谷町40-8

東名高速道路の開通により
昭和42年（1967）に現在地へ遷された

上／日蓮聖人はここで宿泊後、池上本門寺で亡くなるので、最後の立ち寄り寺となる　左／小さいながらも趣がある木造の山門

日蓮聖人が1泊した寺
鎌倉時代の梵鐘も見どころ

7 妙光寺《みょうこうじ》

白雉3年（652）に明光比丘尼（びくに）が建てた庵が始まり。その後、天台宗の「明光寺」となった。弘安5年（1282）日蓮聖人が身延山久遠寺から池上本門寺に向かう道中で1泊。教えを受けた住職が改宗し、寺号も改めた。

神奈川県横浜市瀬谷区上瀬谷町8-3

近くに牢獄があったことから命名されたという牢場坂。現在は木立に包まれた普通の坂道だ

牢場坂近くの竹藪にある五輪塔。さぞ名のある者の墓だろうか……。

右／本堂脇には日蓮聖人像が立ち、参拝者を見守る
左／正中2年（1325）鋳造の梵鐘。県の重要文化財に指定され、除夜の鐘で突かれる

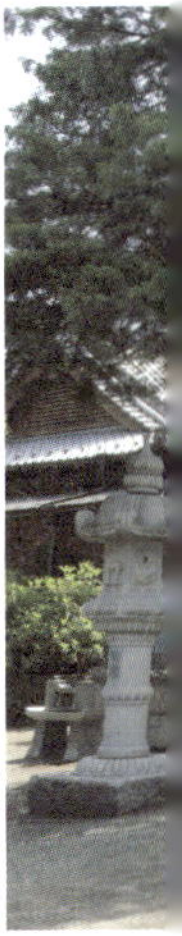

下／瀬谷八福神の恵比須神。商売繁盛、家内安全の御利益を授けるという
左／推定樹齢３００年のタブノキ。このほか大イチョウの古木もある

曲がり角の目印になる北向地蔵堂は宝暦4年（1754）に造立された

本堂の薬師如来は12年に一度の寅年に開帳され、寅薬師と呼ばれる

雨乞い祭事や寺子屋など村人の拠り所となった寺

8 善昌寺《ぜんしょうじ》

天文2年（1533）に開山。本堂には本尊・阿弥陀如来のほか、雨乞本尊、上瀬谷村から遷した薬師如来を祀る。歴代住職の墓地には手習弟子（筆子）が立てた2基の筆子塚があり、寺子屋を開いていたことがわかる。昭和初期までは雨乞いの祭事も行われていた。

神奈川県横浜市瀬谷区竹村町1-14

明治40年（1907）に開業し、地域の発展に貢献した瀬谷銀行跡の通り

ケヤキは樹高35m、胸高周囲5・4m。社殿と比べると大きさが分かる

社殿には伊邪那岐神（イザナギノミコト）と伊邪那美命（イザナミノミコト）が祀られる

空に向かって枝を広げる
樹高35mのケヤキが目印

⑨日枝神社《ひえじんじゃ》

創建は不詳だが、鎌倉時代には存在したといわれている。御神木のケヤキは樹齢300年以上と推定される。御神木のため、ほとんど枝打ちをしておらず、ケヤキ本来の樹形が見られる。横浜市指定の天然記念物になっている。

神奈川県横浜市瀬谷区本郷１-18-9

左／本堂には本尊の釈迦如来が祀られる
下／六地蔵の石仏。境内には新旧の石仏が各所に安置されている

緑豊かな境内に立つ
古式豊かな山門が出迎える

⑩徳善寺《とくぜんじ》

弘治元年（1555）に創建した曹洞宗の寺。山門をくぐると、右側に曹洞宗高祖・道元禅師像が立ち、左側に瀬谷八福神の毘沙門天を祀る堂宇がある。樹齢数百年といわれるタラヨウの木は、樹齢数百年のカヤとともに横浜市の名木古木に指定されている。

神奈川県横浜市瀬谷区本郷3-36-6

鎌倉街道から少し左に入り、小さな階段を上ると山門が見える

日枝神社近くの長屋門

Course No. 14

瀬谷 ▼ 下飯田

境川東岸の社寺をつないで歩く

歩行距離 約11.4km

約2時間50分

歩数 約1万5200歩

Start 瀬谷駅
相鉄本線

▼

1 **寶蔵寺**

▼

2 **西福寺**

▼

3 **宗川寺**

▼

4 **本興寺**

▼

5 **飯田神社**

▼

6 **無量寺**

▼

Goal 下飯田駅
横浜市営地下鉄
ブルーライン

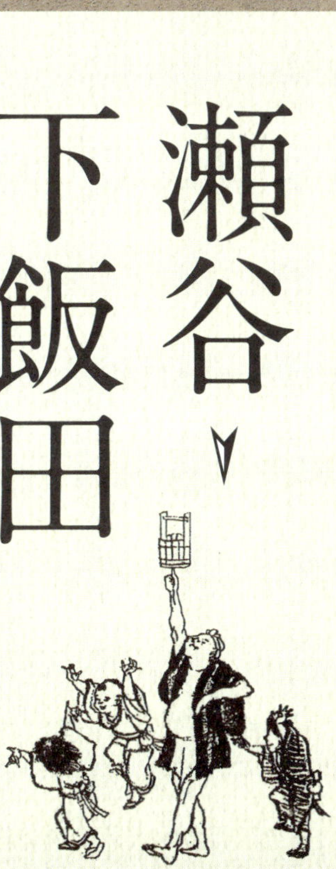

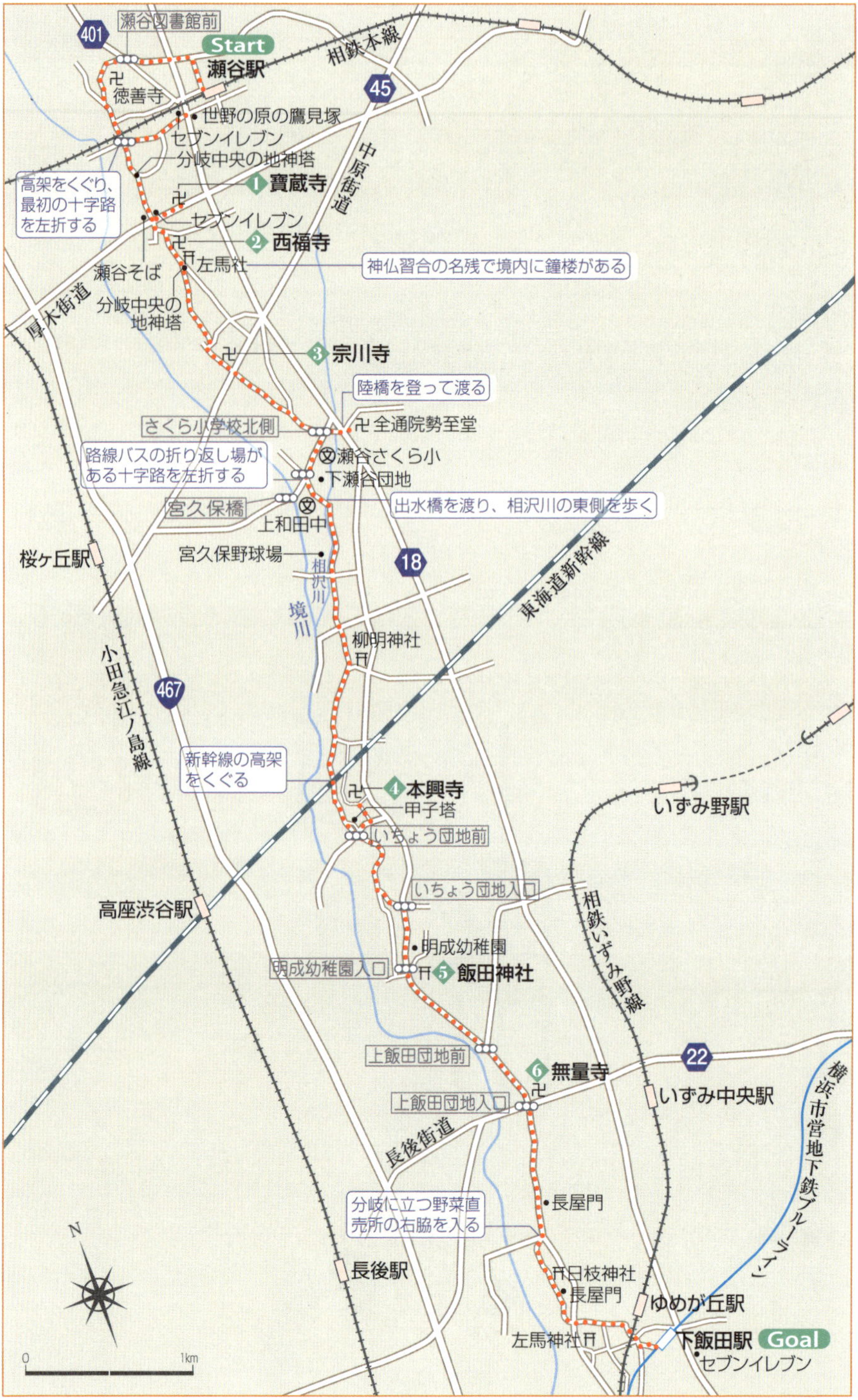
瀬谷図書館前
401
Start
瀬谷駅
相鉄本線
45
徳善寺
世野の原の鷹見塚
セブンイレブン
分岐中央の地神塔
中原街道
高架をくぐり、最初の十字路を左折する
1 寶蔵寺
セブンイレブン
2 西福寺
瀬谷そば
左馬社
神仏習合の名残で境内に鐘楼がある
厚木街道
分岐中央の地神塔
3 宗川寺
陸橋を登って渡る
さくら小学校北側
全通院勢至堂
路線バスの折り返し場がある十字路を左折する
瀬谷さくら小
下瀬谷団地
宮久保橋
出水橋を渡り、相沢川の東側を歩く
上和田中
宮久保野球場
桜ヶ丘駅
18
相沢川
境川
東海道新幹線
柳明神社
小田急江ノ島線
467
新幹線の高架をくぐる
4 本興寺
甲子塔
いちょう団地前
いずみ野駅
高座渋谷駅
いちょう団地入口
相鉄いずみ野線
明成幼稚園
明成幼稚園入口
5 飯田神社
上飯田団地前
22
6 無量寺
上飯田団地入口
いずみ中央駅
長後街道
横浜市営地下鉄ブルーライン
長屋門
分岐に立つ野菜直売所の右脇を入る
長後駅
日枝神社
長屋門
ゆめが丘駅
N
左馬神社
下飯田駅
Goal
セブンイレブン
0
1km

地神塔、田園、長屋門のどかな風景が次々と

瀬谷駅北口から歩き始める。線路を背にして真っ直ぐ歩き、県道401号に出る。左に進み、変形の三叉路の瀬谷図書館前交差点に出たら、中央の道を入る。徳善寺の境内林を左側に見て坂道を下り、山門前に出たら右へ。最初の通りを左に入れば鎌倉街道だ。

相鉄本線の高架をくぐったら、少し寄り道。最初の信号を左折して、坂道を上がり、県道18号(環状4号)の高架をくぐると、右側に「世野の原の鷹見塚」が見える。江戸時代の鷹狩りの指揮所だ。

鎌倉時代で狩りといえば巻狩がよく知られる。源頼朝は三原野(信州)、那須野(下野)、富士野(駿河)などで大きな巻狩を催しており、三原野へは鎌倉街道を通ったはずだ。

来た道を戻り、相鉄本線近くの信号を左へ。少し歩くとT字路の真ん中に地神塔《じじんとう》が陣取っていて驚く。❶寶蔵寺、❷西福寺を参拝して進んだ先にも、分岐の真ん中に地神塔と庚申塔が立っていた。道路拡張や新設では、真っ先に移動されそうな石造物が、大切に守れている。郷土愛が感じられるよい風景だ。

❸宗川寺の脇を通って、県道45号(中原街道)を渡る。そのまま10分ほど歩くとさくら小学校北側交差点があり、その先の県道18号を渡ると全通院勢至堂に着く。隠れた花の名所でロウバイ、桜、フジなど、四季の彩りが目を楽しませてくれる。

さくら小学校北側交差点に戻り、全通院を背にして左へ進む。路線バスの折り返し場がある交差点を左に曲がり、相沢川を渡ったら右へ。しばし川沿いを歩き、その後も道なりに歩くと、東海道新幹線の線路が見える。高架をくぐると❹本興寺はもうすぐだ。

いちょう団地を右に見て進み、泉町消防団倉庫のある公園を左へ、さらにいちょう団地入口交差点を右折する。そのまま道なりに歩くと左側に❺飯田神社、❻無量寺と続く。

県道22号(長後街道)を渡ると、右側は一面の田んぼ。ここから8分ほど歩くと左側に長屋門が見え、その先に農産物直売所がある。右脇の細い道を入ると、左側に水路が通り、民家の大きな長屋門が見える。昔ながらの景観に行き交う旅人の姿が目に浮かぶ。

長屋門を過ぎて、アパート群を抜けると車道に出る。右斜めの樹林に伸びる道が、左馬神社への道でコース15の合流点になる。憶えておくと次回が楽だ。ここから少し歩くと相鉄いずみ野線の線路が見え、その下をくぐるとゴールの下飯田駅に到着する。

「世野の原の鷹見塚」は徳川家康、秀忠に仕えた鷹匠・長田忠勝が鷹狩の指揮所として築いた

道路の分岐に立つ地神塔。三角形の角にポールを立てて、車から保護していた

平安時代から続く古刹
徳川家光より御朱印も

1 寶蔵寺《ほうぞうじ》

治暦2年（1066）に秀恵比丘尼（びくに）が不動庵を開いたのが始まり。慶安2年（1649）に徳川3代将軍・家光から朱印状を発給されている。これまで3回火災で堂舎を焼失し、現在の本堂は天保15年（1844）に建てられた。

横浜市瀬谷区瀬谷5-36-14

本堂に本尊不動明王を安置。境内には瀬谷八福神の弁財天も祀っている

法具・三鈷杵（さんこしょ）のオブジェに触れると、綱で結ばれた本尊と縁を結べる

本尊の不動明王を祀る本堂は、極楽浄土があるとされる西側を向く

シイの巨木で有名な西向きのお不動様

❷西福寺《さいふくじ》

奈良県の長谷寺を総本山とする真言宗豊山派の寺。室町時代に小庵から寺院になったといわれ、延宝9年（1681）に円仲和尚が中興した。山号の猿王山は、土産神（うぶすながみ）の日吉山王大権現が、猿を使者にすることから名付けられた。

神奈川県横浜市瀬谷区橋戸3-21-2

推定樹齢600年以上で、見る者を圧倒するシイの巨木

参道の夫婦銀杏（いちょう）は、古くから安産育児の信仰を集める

宗川寺の本堂。江戸時代はここから東方80m付近に問屋場があったという

全通院勢至堂の本尊・勢至菩薩は12年に一度午年（8月23日）に開帳

篤き信仰心により日賢上人が開山した

❸宗川寺《そうせんじ》

寛永2年（1625）に日蓮宗の北山本門寺第12世・日賢（にっけん）上人が、瀬谷の住人で信仰心の篤い石川宗川の願いを聞いて開山。社号は願主の名前を冠して「宗川寺」と命名した。境内に瀬谷八福神の福禄寿を祀っている。

神奈川県横浜市瀬谷区北新26-13

創建650年の歴史を持つ日蓮宗の本山

4 本興寺《ほんこうじ》

日蓮宗の本山で、万治3年(1660)に鎌倉から日蓮聖人ゆかりの地・飯田へ移転した。飯田は弘安5年(1282)に池上本門寺から身延山へ日蓮聖人の遺骨を遷す際に、一行が1泊した歴史を持つ。現在の本堂は明治2年(1869)に完成。

神奈川県横浜市泉区上飯田町3624

本堂の内陣、欄間には釈迦、日蓮、日什の諸聖一代記の彫刻が施されている

上／寺宝を収める宝蔵。
左／天明4年(1785)築の仁王門には躍動感あふれる仁王像が鎮座する

境川沿いの民俗信仰七サバ参りの1社

5 飯田神社《いいだじんじゃ》

境川流域の村々には、七サバ参りといって疫病が発生すると川沿いの神社を回り、厄除けを祈願する信仰がある。この神社もサバ神社の1つで、佐馬頭(さまのかみ)源義朝を祭神とする。明治6年(1873)に上飯田の村社に指定された。

神奈川県横浜市泉区上飯田町2517

伝承では寛文12年(1672)に上飯田の柳明地区から移されたという

樹齢600年以上の大樹からイチョウの寺と親しまれる

6 無量寺《むりょうじ》

創建は諸説あるが、寺伝では文禄2年(1593)に鎌倉安養院の第19世・深誉呑霊上人(しんよどんれいしょうにん)が開創したとある。一時、荒廃したが、昭和53年(1978)から境内を整備。平成16年に本堂・客殿を新築した。

横浜市泉区飯田1112

上／庫裏の前に置かれた元禄年間の板碑
下／本尊の阿弥陀如来像は、江戸時代の仏師・後藤左近の作品

無量寺から8分ほどの長屋門。分岐にある農産物直売所はすぐだ

八坂神社の鳥居

Course No. 15

東海道の宿場・藤沢宿に寄り道も

下飯田▼藤沢

歩行距離 約13.7km

約3時間30分

歩数 約1万8200歩

Start 下飯田駅
横浜市営地下鉄
ブルーライン

▼

2 富士塚公園

▼

3 東泉寺

▼

7 柄沢神社

▼

9 遊行寺

▼

10 常光寺

▼

12 伝義経首洗井戸

▼

13 白旗神社

▼

Goal 藤沢駅
ＪＲ東海道本線、
小田急江ノ島線、江ノ島電鉄

ゆめが丘駅
1 左馬神社
下飯田駅
Start
セブンイレブン
2 富士塚公園
相鉄いずみ野線
横浜市営地下鉄ブルーライン
双体道祖神
琴平神社
3 東泉寺
下飯田
天王森泉公園
和泉川
境川
多目的グラウンドのトイレが右側に見えたら左折の合図だ
境川遊水地公園
トイレ
庚申塔
宇田川
民家の石塀が続き、石蔵も残る雰囲気のよい通り
上俣野神社
ディーオーサービス(水道工事店)
ローソン
花栽培のビニールハウスや温室が集合している
俣野観音堂前
4 観音堂
明治学院戸塚グラウンド
俣野小
403
ウィトリッヒの森
和みの園(老人ホーム)
5 龍長院
鳥居の近くに鎌倉街道の案内板あり
八坂神社
鳥居
東俣野中央公園
グリーンヒルズ戸塚
ヤマト宅急便センター
石仏群
藤沢バイパス出口
Y字路に架かる陸橋を渡る
ファミリーマート
鉄砲宿
6 鉄砲宿
ホテルWILL
外原公園
大台公園
緑ヶ丘コープ
ヤオコー
7 柄沢神社
エネオス
善行駅
小田急江ノ島線
1
柄沢保育園入口
30
藤沢宿拡大図P142
遊行寺
白旗神社
蒔田本陣跡
藤が丘三
藤沢バイパス
常光寺
藤沢本町駅
N
Goal
藤沢駅
東海道本線
0
1km

源平物語に欠かせない飯田氏、俣野氏の領地へ

下飯田駅からコース14の道筋を戻り、❶左馬神社を参拝。社殿を背にして左へ進み、最初の分岐を右に入ると鎌倉街道に出る。相鉄いずみ野線と地下鉄ブルーラインの高架をくぐると左側に❷富士塚公園がある。源頼朝が「本朝無双の勇姿なり」と賞賛した鎌倉武士・飯田家義の屋敷跡だ。ここから10分ほどの❸東泉寺には飯田家義が信仰した薬師如来像も残されている。

境川遊水地公園を右側に見ながら野球場のトイレまで来たら、分岐を左に入って俣野《またの》町に入る。平家側についた鎌倉党・俣野氏の領地で、俣野氏の祖・景久《かげひさ》は、源頼朝が挙兵した石橋山の合戦で先陣を務めた佐奈田義忠《さなだよしただ》と激闘を繰り広げたことで知られている。

一説では、景久の守り仏を祀るという❹観音堂を右に見て、県道４０３号の交差点を左に進み、明治学院の戸塚グラウンドを回り込む。宇田川を渡り、花栽培の温室群を通過。最初の分岐を左折して坂道を上る。左側に❺龍長院、八坂神社が続き、鳥居に出る。

そのまま20分ほど歩くと藤沢バイパス出口交差点に出る。陸橋を渡り、県道30号を右へ。少し歩くと❻鉄砲宿の名前が付く交差点とバス停がある。大蛇と鉄砲打ちが対決する伝説が名前の由来だ。

鉄砲宿バス停から４００mほどの陸橋がある交差点を左に入る。外原公園の先から急な下り坂になり、突き当たりを右へ。この先の交差点を左折して、坂道を上ると❼柄沢神社に着く。

参拝後、公園前の通りを右へ。坂道を5分ほど下ると、柄沢保育園入口交差点。鎌倉街道はここを左に曲がるが、東海道の宿場・藤沢宿が近いので寄り道していこう。

下り坂を10分ほど歩くと県道30号の遊行寺《ゆぎょうじ》交差点に出る。東海道はこの先を鉤《かぎ》状に曲がって遊行橋を渡った。それに倣うと、右側に❽藤沢市ふじさわ宿交流館、❾遊行寺がある。遊行寺は時宗の総本山で、新田義貞の子孫・新田満純《みつずみ》の墓碑がある。

遊行橋を渡り、国道４６７号を右折する。この通り沿いに藤沢宿が開けていた。跡地を示す案内板や屋外のトランスボックス（変圧器）にラッピングした昔の写真、わずかに残る商家などを通じて、当時の様子が垣間見える。周辺に点在する❿常光寺、⓫弁慶塚、⓬伝義経首洗井戸、⓭白旗神社と合わせて楽しみたい。

白旗神社からゴールの藤沢駅へは、国道４６７号の白旗交差点に戻り、そのまま直進すれば20分ほどで駅に着ける。

鳥居前の不動明王をはじめ、
境内には堅牢地神塔や庚申塔などが安置される

神仏習合の名残を感じる
朱色の社殿が美しい

❶左馬神社《さばじんじゃ》

サバ神社の1つ。創建には諸説あり、鎌倉武士の飯田家義(いえよし)、または小田原北条氏の領地時代に領主・川上藤兵衛が勧請したとされる。天正18年(1590)、小田原攻めの戦功で領主となった筧為春(かけいためはる)は地域の鎮守として敬ったという。

神奈川県横浜市泉区下飯田町1389

社殿に祭神・左馬頭源義朝を祀る。
イチョウの古木も見どころだ

源頼朝の命を救った
飯田家義ゆかりの地

❷富士塚公園《ふじづかこうえん》

飯田家義の屋敷跡といわれる。家義は石橋山の戦いでは平家側だったが、源頼朝の脱出に貢献。続く、富士川の合戦では源氏側で参戦し長男を失うも軍功を立てた。頼朝は家義を絶賛し、飯田郷を与え地頭職を任じた。

神奈川県横浜市泉区下飯田町1016

明治32年(1899)に五輪塔や納骨瓶が出土し石塔が立てられた

山門は
天明3年（1783）築で、
境内では最も古い建物だ

明治に盗難に遭い、
山中に捨てられたが
自ら光を放って居場
所を知らせ帰還した
伝説があり、お戻り
の薬師とも呼ばれる

昭和9年（1934）再建の本堂。
薬師堂も昭和53年（1978）に再建している

飯田家義の戒名が書かれた供養墓

出陣中の飯田家義を守り
無事を知らせた薬師様

3 東泉寺《とうせんじ》

徳川家康の家臣・筧為春が再興した曹洞宗の寺。飯田家義が信仰した薬師堂も境内に移されている。伝説によると、堂内の薬師如来像は弘法大師の作で、家義が守り本尊とした。家義の出陣中は夜に光を放ち、無事を知らせたという。

神奈川県横浜市泉区下飯田町743

境川遊水池公園の展望台から
ビオトープを望む。
野鳥愛好家の姿も多い

上俣野神社は俣野町の鎮守。
神社の脇を鎌倉街道が
通ったといわれている

平家方ながらも
武士の生き様を示した

4 観音堂《かんのんどう》

保野景久の守護仏が祀られていると伝わる。石橋山の戦い後、源頼朝は勢力を回復して平家方に勝利。景久の兄・大庭景親（おおばかげちか）は討ち取られ、景久も京都へ敗走した。その後、景久は木曽義仲との戦いに出陣。最後は守護仏を家臣に託して、討ち死にした。

神奈川県横浜市戸塚区俣野町1028

観音堂は鉄柵で囲まれており、
歩道からの見学となる

屋根に守られた六地蔵尊。10月24日の縁日には地蔵祭りが行われる

鎌倉街道が門前を通る
境内には涼やかな滝も

5 龍長院《りゅうちょういん》

室町時代に真言宗の寺として始まる。その後、無住の期間があり、江戸時代前期に曹洞宗の寺として再興した。参道を進むと延命地蔵尊、六地蔵尊、最奥に本堂と庫裏がある。延命地蔵尊と六地蔵尊の間には、水量豊かな滝も落ちる。

神奈川県横浜市戸塚区東俣野町1666

上／現在の本堂は昭和42年（1967）に再建した
左／堂舎内に室町時代作の延命地蔵尊を祀る

バス停と交差点に残る鉄砲宿の名
大蛇にまつわる伝説が由来

6 鉄砲宿《てっぽうじゅく》

語り伝えでは、名主が飼っていた「おはん」という大蛇が池に棲みつき、人の影を食べ始める。困った村人は鉄砲の名人に退治を依頼。名人は小屋を建ててチャンスを待ち、ついに退治する。後世、村人は名人の小屋を「鉄砲宿」、蛇の棲んだ池は「影取池」と呼んだそうだ。

神奈川県横浜市戸塚区影取町

八坂神社の拝殿前に、
かつて境内に立っていた
樹齢100年近い御神木の切り株がある

右／鉄砲宿バス停の近くから桜並木の遊歩道が続いている。
左／小さな覆屋の中には宝暦9年（1759）銘の双体道祖神が鎮座

明治の名工が刻んだ
拝殿の彫刻にも注目

7 柄沢神社《からさわじんじゃ》

創建年代は不詳ながら、孝安天皇を祀る第六天社として始まった。建久4年（1193）に源頼朝が入間川へ狩りに行く途中に立ち寄り、参拝すると知名度は急上昇。鎌倉武士をはじめ、江戸時代の領主・大久保忠保（ただやす）も崇敬した。

神奈川県藤沢市柄沢511

上／拝殿の欄間彫刻は藤沢一元二世・永田伊助が明治に刻んだ貴重なもの　右／同じ庚申塔でも文字だけ、尊像ありとさまざま。見比べて楽しもう

藤沢宿の歴史さんぽは
遊行橋近くのここから

⑧藤沢市ふじさわ宿交流館

ふじさわしふじさわしゅくこうりゅうかん

東海道、鎌倉街道、大山道、江の島道、八王子道、厚木道と6つの街道が合流し、流通の拠点となった藤沢宿。その歴史と文化を伝える情報発信基地として平成28年に開館した。多目的ホールは休憩所として使え、講演や落語会などの催事も開催している。

9時～18時（10月～3月は～17時）／月曜（祝日の場合は翌日）休／入館無料／神奈川県藤沢市西富1-3-3／☎0466-55-2255

上／再現された高札場の後ろに土蔵風の施設が立つ
右／藤沢宿の再現模型。藤沢宿の散策マップやパンフレットも配布している
左／郷土資料展示室では、宿場の成り立ちや役割をパネルなどで解説

48段のいろは坂の先に待つ
東海道最大級の木造本堂

⑨遊行寺 ゆぎょうじ

時宗の総本山で、正式名称は藤澤山無量光院清浄光寺（しょうじょうこうじ）という。正中2年（1325）に第4代他阿呑海上人（たあどんかいしょうにん）が開山し、兄の俣野景平が社地を寄進した。木造本堂をはじめ10棟が国の登録有形文化財。

神奈川県藤沢市西富1-8-1

左／後光厳（ごこうごん）天皇宸筆の扁額「清浄光寺」を掲げる本堂は昭和12年（1937）の再建の本堂
下／徳川家の祖・得川有親（ありちか）の守り本尊を祭神とする宇賀神社

カヤ、クスの大木が茂る
境内全体が市の指定樹林

⑩ 常光寺《じょうこうじ》

元亀3年（1572）に鎌倉・光明寺27世西穏（さいおん）上人が移り住んだ隠居寺が始まり。本尊の阿弥陀如来立像は、鎌倉扇ヶ谷の阿弥陀堂に祀られていたものだ。境内に万治2年（1659）と寛文9年（1669）の庚申供養塔がある。

神奈川県藤沢市本町4-5-21

山門をくぐるとクスの大木が両側に立つ。推定樹齢３００年のカヤも必見だ

深い樹林に佇む
謎に包まれた石碑

⑪ 弁慶塚《べんけいづか》

常光寺の山門を出て左に進み、済美館（藤沢公民館分館）の脇を入ると、「辨慶塚」の標柱が立つ樹林がある。階段を上り詰めたところに小さな碑が立っている。昔、この辺りに八王子社があったというが、弁慶塚の由来などはわかっていない。

神奈川県藤沢市本町4丁目

伝説では、弁慶の首も義経と一緒に腰越へ運ばれて首実検されたというが……

上／時宗の開祖・一遍上人の銅像
下右／安政5年（1859）建築の中雀門は、現在も正門として使われる
下左／遊行14世太空上人が「禅秀の乱」の戦死者を敵味方の区別なく弔った敵御方（てきみかた）供養塔

文政11年（1828）から7年の歳月を費やして造営された社殿

厄除け、方位除けの神と
源義経を祭神とする

⑬白旗神社《しらはたじんじゃ》

祭神は寒川比古命（サムカワヒコノミコト）と源義経。義経の正式な合祀は宝治3年（1249）だが、次のような伝説がある。腰越での首実検後、義経の首がこの神社に飛来し、源頼朝が白旗明神として祀るように命じたという。

神奈川県藤沢市藤沢2-4-7

流れ着いた義経の首を
村人たちが洗い清めた

⑫伝義経首洗井戸《でんよしつねくびあらいいど》

伝説によると、腰越での首実検の後、源義経の首は海に捨てられた。潮に流され、白旗川にたどり着いた首を村人たちは、この井戸の水で洗い清め、塚を設けて弔ったという。現在、首塚の跡地は定かではない。

神奈川県藤沢市藤沢2丁目

右／弁慶の力石は触れると健康になるとか
左／義経の首と身体が弔われる墓所の魂土（たまつち）を合祀した源義経公鎮霊碑

若宮大路に立つ
鶴岡八幡宮二ノ鳥居

Course No. 16

藤沢▶鎌倉

激戦地の仮粧坂を越えて、いざ鎌倉へ

歩行距離 約14.3km

約3時間40分

歩数 約1万9100歩

Start 藤沢駅
ＪＲ東海道本線
小田急江ノ島線
江ノ島電鉄
▼
2 慈眼寺
▼
4 二傳寺
▼
10 銭洗弁財天宇賀福神社
▼
11 源氏山公園
▼
14 寿福寺
▼
15 大蔵幕府跡
▼
16 源頼朝墓
▼
Goal 鎌倉駅
ＪＲ横須賀線、江ノ島電鉄

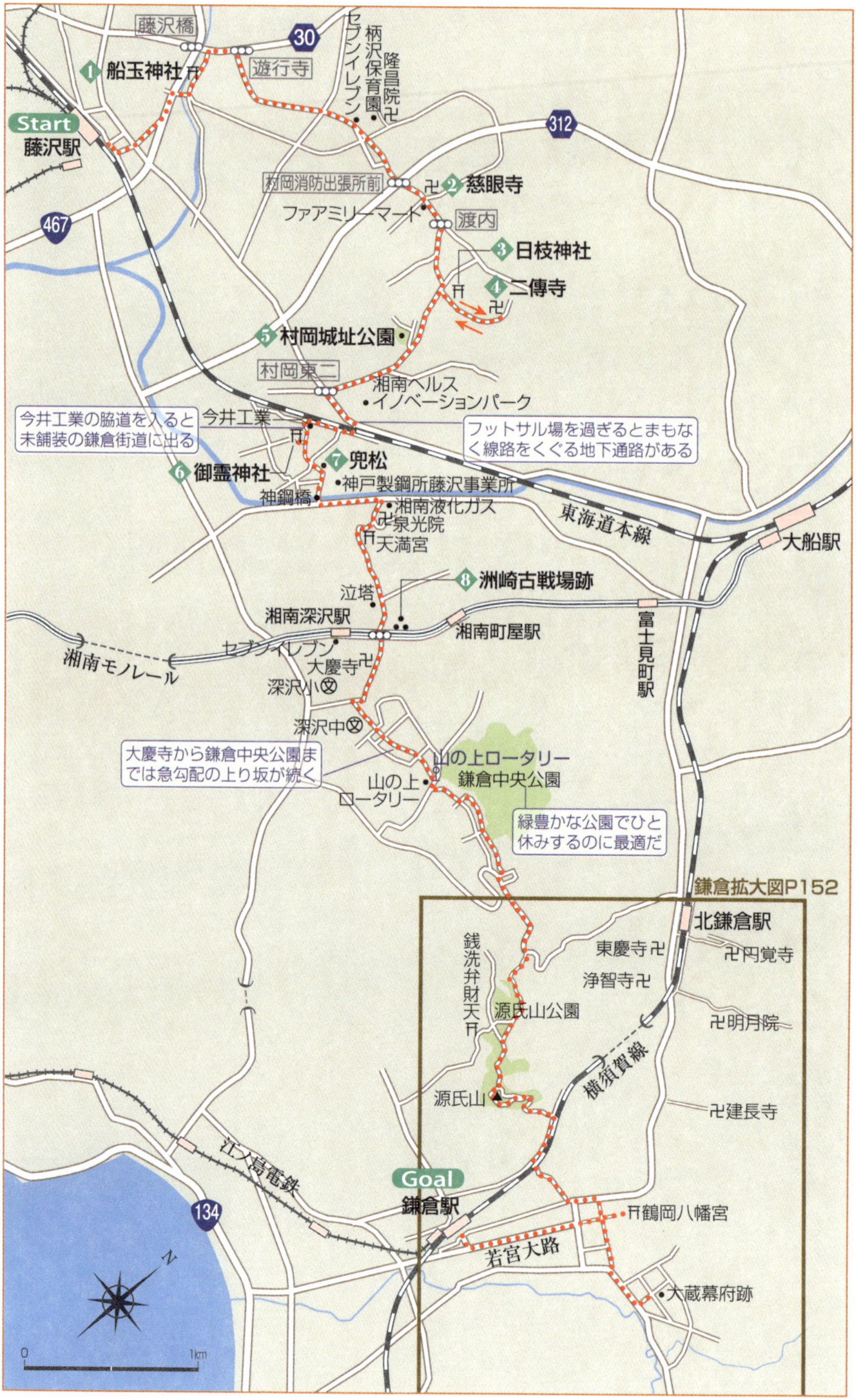

藤沢橋
30
遊行寺
1 船玉神社
セブンイレブン
柄沢保育園
隆昌院
Start
藤沢駅
312
村岡消防出張所前
2 慈眼寺
467
ファアミリーマート
渡内
3 日枝神社
4 二傳寺
5 村岡城址公園
村岡東二
湘南ヘルス
イノベーションパーク
今井工業の脇道を入ると未舗装の鎌倉街道に出る
今井工業
フットサル場を過ぎるとまもなく線路をくぐる地下通路がある
7 兜松
6 御霊神社
神戸製鋼所藤沢事業所
神鋼橋
湘南液化ガス
泉光院
天満宮
東海道本線
大船駅
8 洲崎古戦場跡
泣塔
湘南深沢駅
湘南町屋駅
富士見町駅
セブンイレブン
湘南モノレール
大慶寺
深沢小
深沢中
大慶寺から鎌倉中央公園までは急勾配の上り坂が続く
山の上ロータリー
鎌倉中央公園
山の上ロータリー
緑豊かな公園でひと休みするのに最適だ
鎌倉拡大図P152
北鎌倉駅
東慶寺
円覚寺
浄智寺
銭洗弁財天
源氏山公園
明月院
横須賀線
源氏山
建長寺
江ノ島電鉄
Goal
鎌倉駅
134
鶴岡八幡宮
若宮大路
大蔵幕府跡
N
0
1km

坂道を上り下るたびに ゴールの鎌倉が近づく

いよいよ鎌倉の中心地に入る。旅の道連れになった新田義貞の鎌倉攻めを見届けつつ、進むとしよう。藤沢駅北口を出て、国道467号に合流。❶船玉神社を詣でて、県道30号を右に曲がる。

遊行寺交差点を右折すると上り坂が始まり、県道312号を渡ると、左側の高台に❷慈眼寺がある。小さな教会が立つ渡内交差点を右に入り、❸日枝神社、❹二傳寺とつなぐ。二傳寺の墓地には桓武天皇の4代後となる平良文《たいらのよしぶみ》の墓がある。良文の子孫は三浦氏、千葉氏、秩父氏など、武蔵国を代表する武家となるため、坂東八平氏の祖と呼ばれる。

平良文の居城跡である❺村岡城址公園を経て坂道を下り、村岡東二丁目交差点を左へ。「湘南ヘルスイノベーションパーク」を左に見て、少し歩き東海道本線を地下道でくぐる。線路伝いに歩き、今井工業の脇を左に入る。わずかだが、雑木林の中に昔の鎌倉街道が残り、❻御霊神社の裏参道につながっている。

そのまま進むと土道から舗装道に替わる。神戸製鋼所藤沢事業所に沿って伸びる通りでは、金網越しに鎌倉景政《かげまさ》ゆかりの❼兜松が見える。

柏尾川を渡り、県道304号を左へ。「湘南液化ガス」の前を右に曲がり、泉光院、天満宮とつないで、湘南モノレール下の通りに出る。左に少し歩くと❽洲崎古戦場跡がある。新田義貞は鎌倉の本拠地を攻略するに当たって、全軍を3軍に分け、巨福呂坂《こぶくろざか》、仮粧坂《けわいざか》、極楽寺坂から攻め込んだ。新田義貞は本隊を率いて、洲崎から鎌倉街道を進み、仮粧坂に向かった。

現代の鎌倉街道歩きは、洲崎古戦場跡の先に立つ大慶寺から始まる約1kmの長い上り坂が正念場だ。しっかり汗をかくが、山の上ロータリーに出れば平坦な道になる。

ロータリーから約15分歩き、葛原岡《くずはらおか》神社の案内板が見えたら右へ。神社の鳥居近くに❾日野俊基《としもと》墓がある。❿銭洗弁財天宇賀福神社、⓫源氏山公園の源頼朝像を見て、⓬仮粧坂へ。新田義貞が大苦戦した鎌倉幕府の最終防衛線だ。

結局、新田義貞は極楽寺坂の援軍に周り、稲村ヶ崎から鎌倉へ侵入。極楽寺坂、巨福呂坂、仮粧坂の軍も突破し、鎌倉幕府の執権・北条高時らを自害に追い込む。ここに鎌倉幕府は滅亡した。

仮粧坂を下ったら、⓭岩船地蔵堂、⓮寿福寺を巡り、鶴岡八幡宮を経て、⓯大蔵幕府跡へ。最後に⓰源頼朝墓に旅の終わりを報告して、若宮大路を通り、鎌倉駅を目指そう。

祭神は日本武尊（ヤマトタケルノミコト）の妻・弟橘姫命（オトタチバナヒメノミコト）

江の島弁財天道標。元禄年間（１６８８～１７０４）に鍼灸師の杉山検校（けんぎょう）が建立した

海上安全を祈願して
勧請されたという

❶船玉神社《ふなだまじんじゃ》

昔、この付近まで船が出入りできたことと、3代鎌倉将軍の源実朝（さねとも）が宋へ渡る船の建材をこの地で伐（き）りだしたと伝わることから、乗船成就・海上守護を願い勧請したと推察できる。近くに藤沢宿最古の稲荷社と伝わる藤稲荷が鎮座する。

神奈川県藤沢市大鋸2-4-12

右／本堂の前には3015枚の瓦を使い東日本や湘南の海で亡くなった人を弔う慰霊の庭がある
下／山門の柱に刻まれた龍の彫刻は必見。寺院や三社を守っているようだ

境内にモチノキ４株、タブノキ３株、スダジイ１株が根元で融合した樹齢３００年以上の混生樹が立つ

本尊の十一面観音立像は
12年に一度の申年に開帳

❷慈眼寺《じげんじ》

天文2年（1533）頃、玉縄城主・北条綱成が開創した曹洞宗の寺。本尊の十一面観音立像は寄木造で玉眼（水晶）をはめ込み、太づくりな体と引き締まった面相から、13世紀後半の造立とされる。12年に一度申年に開帳される。

神奈川県藤沢市渡内648

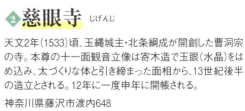

平良文の勧請と伝わる
渡内地区の鎮守さま

3 日枝神社《ひえじんじゃ》

平安時代中期に坂東八平氏の祖・平良文（たいらのよしぶみ）が屋敷の守護神として京都の日吉山王大権現を勧請。その後、応永27年（1420）に名主の福原氏が現在地に遷座する際、平良文も合祀した。境内に壺井三社大権現の祠もある。

神奈川県藤沢市渡内3-8-10

社殿の脇には芸能、学問の御利益を授けるという弁財天像を安置する

竹藪の裏山にひっそりと佇む
平良文から3代の塚

4 二傳寺《にでんじ》

永正2年（1505）に玉縄城主・北条氏時が開山。城から尾根続きの一番高い場所にあり、砦としての役割も担った。大本山光明寺が伝書を紛失した際、この寺が伝書の写しを保管していたことから“二傳”寺と呼ばれるようになった。

神奈川県藤沢市渡内3-13-1

境内の最高所に平良文、2代忠光、3代忠通の墓とされる塚がある

坂東八平氏の祖が暮らした城跡
今は子どもの遊ぶ公園に

5 村岡城址公園《むらおかじょうしこうえん》

10世紀後半に築かれた平良文の居城跡。平良文は、平高望（たいらのたかもち）の五男で、地名の村岡を取り、村岡五郎とも称した。奈良・平安時代に蝦夷（えぞ）鎮圧のために置かれた鎮守府（ちんじゅふ）将軍も務めている。

神奈川県藤沢市村岡東3-28

御霊神社裏の鎌倉街道。鎌倉幕府に
終止符を打つべく、新田義貞も通ったのだろうか

城址公園とあるが、城の記憶を伝えるのは石碑のみだ

豊かな森に鎮座する
村岡地区の総鎮守

⑥御霊神社《ごりょうじんじゃ》

境内の由来碑によると、天慶3年（940）に村岡五郎が、早良（さわら）親王を勧請し戦勝祈願したとある。後年、鎌倉景政、葛原（かずらわら）親王ほかを合祀。現在は5柱を祀っている。社殿の前には疱瘡神（ほうそうしん）を祀った堂宇もある。

神奈川県藤沢市宮前560

現在の社殿は石段ともに昭和50年代（1975〜1984）に建て替えられた

社殿右側の平坦地に、源頼家と義家が1度ずつ白旗を立て、軍勢を集めたと伝わる

岩の上に松が生えていたというが、だいぶ前に枯れてしまったという

猛将・鎌倉景政が
凱旋記念に兜を埋めた

⑦兜松《かぶとまつ》

後世、祭神に祀られる鎌倉景政は、源義家の奥州征伐に従軍する際、御霊神社で戦勝を祈願した。片目を射抜かれながらも、その矢で敵を討ち取るなど大活躍して凱旋。お礼参りの後、松の根元に兜を植えて記念とし、後に人々は兜松と呼んだという。神戸製鋼所藤沢事業所内にあるが、平日限定の事前予約で都合が合えば、敷地内で見学できる。

神奈川県藤沢市宮前100-1 神戸製鋼所藤沢事業所内／☎0466-20-3111

湘南モノレール湘南深沢駅近くに、洲崎の戦いの戦没者を祀る泣塔と呼ばれる宝篋印塔が立つ。一時、寺に遷されたが、住職の夢に現れ、元の場所に帰りたいと懇願し、現在地に戻されたという

明治維新の先駆けと
明治天皇も追慕した忠臣

9 日野俊基墓《ひのとしもとはか》

鎌倉時代末期の忠臣・日野俊基は、後醍醐天皇と二度も討幕計画を立てた。どちらも途中で幕府に知られ、計画は失敗。最初は許されるものの、二度目は厳罰が下り、日野俊基はここで斬首。後醍醐天皇は隠岐島に流された。

神奈川県鎌倉市梶原5-9-1
葛原岡神社境内

明治天皇は日野俊基に官位を贈り、祭神とする葛原岡神社を造立させた

湘南モノレールが頭上を走る通り沿いにひっそりと石碑が立っている

勇ましく、情け深い
赤橋守時の物語も有名

8 洲崎古戦場跡《すざきこせんじょうあと》

北条氏の一族・赤橋守時(もりとき)が率いる鎌倉幕府軍と新田義貞軍が激闘を繰り広げた地。守時の妹婿が足利高氏(尊氏／たかうじ)で、この時、高氏は京都で反幕府の兵を挙げていた。守時は北条氏に妹は自害したと嘘の報告をして逃がしたという。

神奈川県鎌倉市寺分1丁目

金銭を清水で洗うのは禊(みそ)ぎと同じ。百千倍には増えないので誤解なく

不浄を清水で洗い流し
福徳利益を授かる

10 銭洗弁財天 宇賀福神社《ぜにあらいべんざいてん うがふくじんじゃ》

文治元年(1185)、源頼朝は夢枕にたった老人から西北の岩屋に湧く霊水を使い、神仏を祀れば人々に信仰心が生まれ、世の中は平穏になると告げられる。お告げに従って霊泉を見つけ、岩屋を掘り、宇賀神を祀ったのが始まりという。

神奈川県鎌倉市佐助2-25-16

甲冑《かっちゅう》に身を固めた
凜々しい姿の源頼朝が待つ

⑪ 源氏山公園 げんじやまこうえん

源義家が2度目の奥州征伐（後三年の役）に出陣する際、白旗を立てて戦勝を祈ったことから「源氏山」または「旗立山」と呼ばれるようになった。4月は桜、6月はアジサイ、11月は紅葉、冬の雪景色もまた美しい。

神奈川県鎌倉市扇ガ谷4丁目

昭和40年（1965）に頼朝の鎌倉入り800年を記念して公園を整備した

古都・鎌倉の要害
肌で感じられる急坂

⑫ 仮粧坂 けわいざか

源氏山公園から扇ガ谷方面へ続く険しい坂道。名前の由来は、平家の大将の首を化粧してから首実検した、坂の上の遊女屋に化粧した遊女が待っていた、険しい坂が転じたなど諸説ある。『吾妻鏡（あづまかがみ）』では気和飛坂（けわひざか）と書かれている。

神奈川県鎌倉市扇ガ谷4丁目

岩肌がむき出しで、雨上がりは滑りやすく、冬期には凍結も。今なお難所である

大姫の哀れな死を悼み
心ある人々が供養に立てた

⑬ 岩船地蔵堂 いわふねじぞうどう

源頼朝の息女・大姫は、木曽義仲の嫡子・義高と婚約したが、義高は父・源頼朝により殺される。大姫の悲しみは大きく、後は誰にも嫁がずに亡くなったという。この地蔵堂は大姫を供養するために建てられたと伝わる。

神奈川県鎌倉市扇が谷3-3

平成13年に再建された堂内に本仏石像地蔵尊、前立ちに木造地蔵尊を安置する

鉄の井（くろがねのい）は鎌倉十井の1つ。井戸の中から鉄観音像の首が出土したのが名前の由来だ

伝北条政子の墓がある
鎌倉五山第三位の寺

14 寿福寺《じゅふくじ》

正式には亀谷山寿福金剛禅寺（きこくさんじゅふくこんごうぜんじ）。正治2年（1200）に北条政子が建てた。墓地のやぐらには源実朝（さねとも）と、北条政子の墓と伝わる五輪塔が安置されている。墓地の見学は自由だが、境内の見学は中門まで。

神奈川県鎌倉市扇ガ谷1-17-7

上／北条政子の墓と伝わる五輪塔
左／外門から中門までの参道は鎌倉屈指の美しさ。見るだけで心が落ち着く

源頼朝の居宅にして
鎌倉幕府の中枢だった

15 大蔵幕府跡《おおくらばくふあと》

治承4年（1180）に鎌倉へ入った源頼朝は大蔵の地に屋敷を建て、侍所（さむらいどころ）、公文所などを整備して政務を執った。鎌倉幕府将軍2代頼家、3代実朝、北条政子まで使われ、それ以後は宇都宮辻子（うつのみやずし）幕府、若宮大路幕府などに移っていく。

神奈川県鎌倉市雪ノ下3-11

清泉小学校の側に石碑が立つ。ここを中心にして施設が建てられた

本格的な武士政権をスタートさせた
鎌倉幕府の祖がここに眠る

16 源頼朝墓《みなもとのよりともはか》

源頼朝は建久10年（1199）に53歳で他界。死因は諸説あるが、相模川の橋供養の帰路に落馬したこととする説が有名だ。死後、法華堂（墳墓堂）が築かれたが、17世紀初めには堂舎がなくなり、石造りの墓塔が建てられた。

神奈川県鎌倉市西御門2-5-5

上／現在の墓域は安永8年（1779）に薩摩藩主島津重豪（しげひで）が整備した
左／墓所へ続く石段。手前に源頼朝を祭神にする白旗神社がある

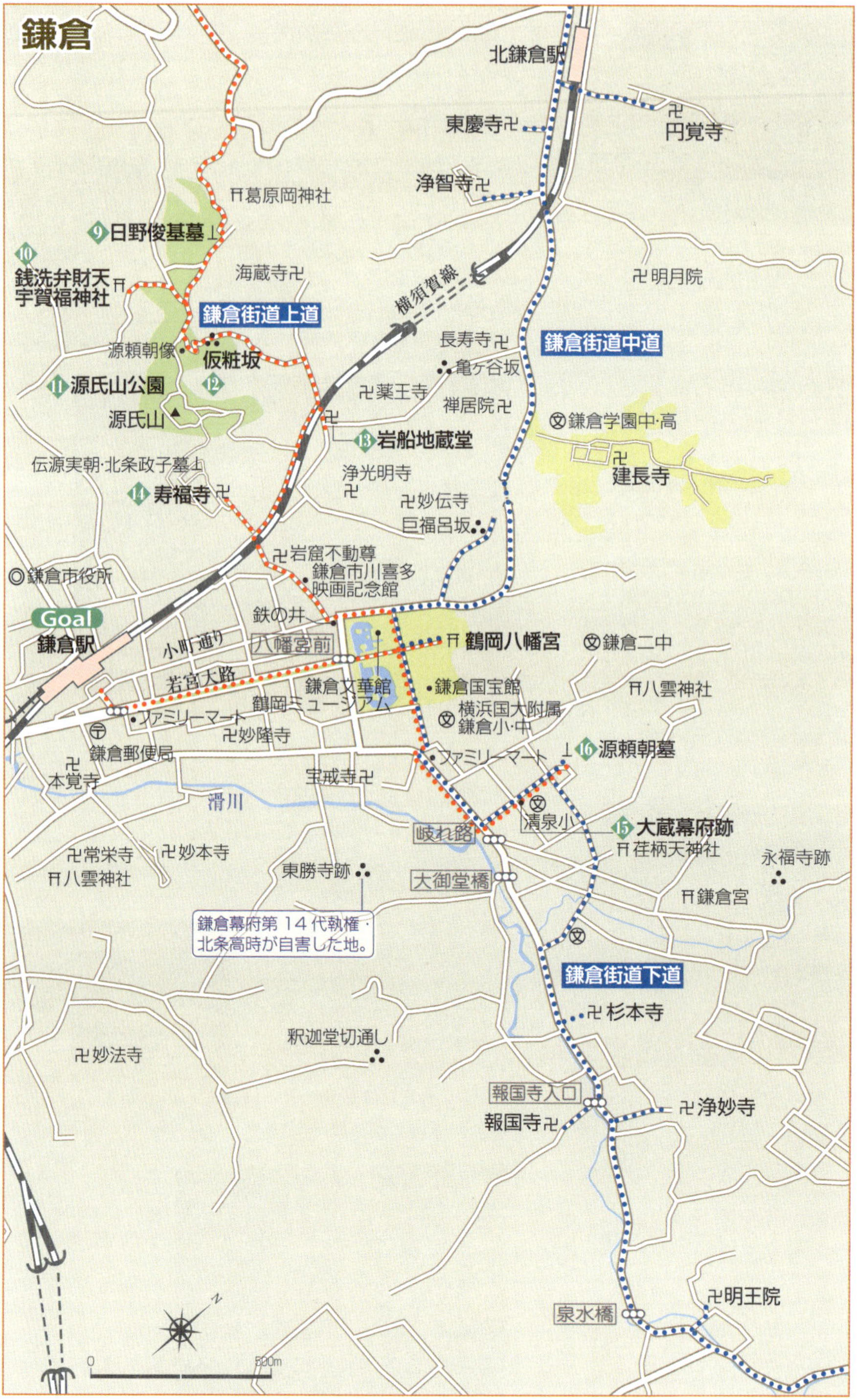
鎌倉
北鎌倉駅
東慶寺
円覚寺
浄智寺
葛原岡神社
9 日野俊基墓
10 銭洗弁財天宇賀福神社
海蔵寺
明月院
横須賀線
鎌倉街道上道
源頼朝像
仮粧坂
長寿寺
鎌倉街道中道
亀ケ谷坂
11 源氏山公園
12
薬王寺
禅居院
源氏山
13 岩船地蔵堂
鎌倉学園中·高
伝源実朝·北条政子墓
浄光明寺
建長寺
14 寿福寺
妙伝寺
巨福呂坂
岩窟不動尊
鎌倉市川喜多映画記念館
鎌倉市役所
Goal
鎌倉駅
鉄の井
小町通り
八幡宮前
鶴岡八幡宮
鎌倉二中
若宮大路
鎌倉文華館鶴岡ミュージアム
鎌倉国宝館
八雲神社
ファミリーマート
横浜国大附属鎌倉小·中
妙隆寺
鎌倉郵便局
ファミリーマート
16 源頼朝墓
本覚寺
宝戒寺
滑川
清泉小
15 大蔵幕府跡
岐れ路
荏柄天神社
永福寺跡
常栄寺
妙本寺
八雲神社
東勝寺跡
大御堂橋
鎌倉宮
鎌倉幕府第14代執権·北条高時が自害した地。
鎌倉街道下道
杉本寺
釈迦堂切通し
妙法寺
報国寺入口
浄妙寺
報国寺
明王院
泉水橋
N
0
500m

❖切通し《きりとおし》

**鎌倉らしい風景に「切通し」がある。
軍事の防衛面と生活道の利便性の
ギリギリのせめぎ合いの中で誕生した
鎌倉への玄関口にも注目したい。**

ここを越える道が険しいため「難越（なこし）」と呼ばれたことが由来という「名越切通し」

鎌倉は東、北、西の三方を山が、南は海が守る天然の城といえる。戦争時には心強いが、普段も峠越えが必要となり、多くの人や物が集散する政治都市としてはやや不便だ。そこで、山の尾根を必要最小限だけ掘削して通行できるようにしたのが「切通し」だ。

鎌倉と外部の玄関口なので、戦争時はいわば最終防衛線になる。そこで、近くには有力者の邸宅が置かれたそうだ。近世に「鎌倉七口」と呼ばれた7本の切通しを東から見ていくと、まずは「朝夷奈切通し」（P164参照）。六浦と鎌倉を結び、物資の運搬に多用された。鎌倉街道下道の玄関口でもある。

南に進んで「名越（なごえ）切通し」。三浦半島へ通じる道の玄関口で、鎌倉幕府執権北条氏が三浦氏を牽制する上で重要だった。切通し近くには岩肌に150以上の穴があり、その中に五輪塔などを安置した「まんだら堂やぐら群」（期間限定公開）がある。

鎌倉七口のほか、名もなき切通しも多い

鶴岡八幡宮の西側には、鎌倉街道中道の玄関口となる「巨福呂坂（こぶくろざか）」（P156参照）と「亀ヶ谷坂（かめがやつざか）」がある。亀ヶ谷坂は近くにある建長寺の亀が坂を越えようとしたが、あまりに急勾配で引き返したことから「亀返坂（かめかえりさか）」とも呼ばれ、転じて亀ヶ谷坂になったという。

南をみると、鎌倉街道上道の玄関口となる「仮粧坂（けわいざか）」（P150参照）。その下には長谷から常盤を経て藤沢に抜ける「大仏坂」がある。

そして、最期が「極楽寺坂」だ。新田義貞の鎌倉攻めでは、新田氏の一族である大舘宗氏（おおだてむねうじ）が指揮を取り、鎌倉幕府軍と激闘を繰り広げた。宗氏が討ち死にしたことで、義貞が仮粧坂から駆けつけた。現在は道路の拡張により、当時の面影はあまり感じられない。

このほか、鎌倉と外部の玄関口ではないが寿福寺の中門から墓地へ向かう路地にも名前のない洞門の切通しがある。切通しをテーマに鎌倉を巡ってみるのもおもしろいだろう。

討幕の舞台となった「仮粧坂」。国指定史跡である

源頼朝が鎌倉入りで通ったと伝わる「亀ヶ谷坂」

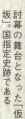

小右衛門の一里塚

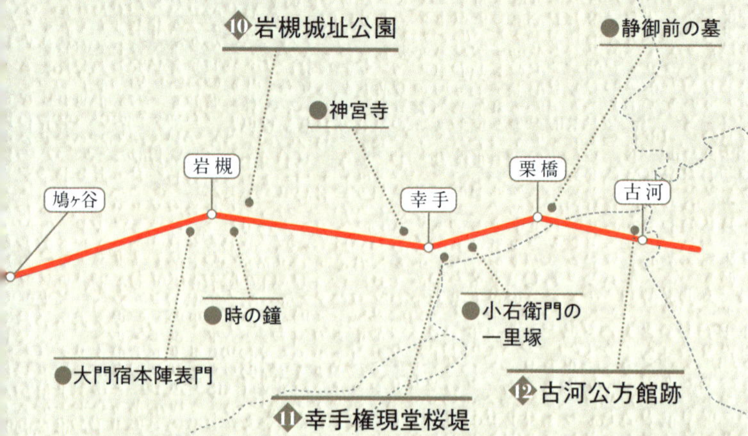

ダイジェスト版

鎌倉街道 中道

かまくらかいどう なかつみち

源頼朝が兵を率いて北上した下野、奥州へと続く街道

街道歩きで知る義経や静御前の悲話

一ノ谷、屋島、壇ノ浦と度重なる合戦で大活躍し、平家滅亡の立役者になった源義経。しかし、その後は兄・頼朝と対立して追われる立場になり、藤原氏を頼って奥州平泉へ逃げた。それを知った頼朝は藤原氏に再三、義経追討を命じるが拒否され、ついに堪忍袋の緒が切れる。

頼朝の怒りを知った藤原氏は義経の首を鎌倉へ送るが、頼朝の怒りは消えず、文治5年（1189）に自ら兵を率いて奥州征伐へ向かう。この時に整備されたのが鎌倉街道中道で、『吾妻鏡《あづまかがみ》』の中路がそれにあたるという。

コースは鎌倉を出発する

離山富士見地蔵尊

畠山重忠終焉の地

と、巨福呂坂《こぶくろざか》を越えて北上し、二子を目指す。途中、畠山重忠終焉の地がある。奥州征伐で重忠は名誉ある先陣を任され、晴れやかな気持ちでこの地を通過したに違いない。後に同じ場所で自分が死を迎えるとは知らずに。

多摩川を渡るとコースは2つに分かれる。東ルートは都内の新宿、王子を経て荒川南岸の岩淵へ。西ルートは同じく都内の中野、板橋をつないで岩淵で合流する。

荒川を渡り、川口から鳩ヶ谷、岩槻を結ぶ旧岩槻街道は、頼朝の挙兵を聞いた義経が奥州から駆けつけた道だ。さて、頼朝はそのことを知って通過したのだろうか。時代が下り、江戸時代になると、日光御成《おなり》道の名前も付く。江戸幕府の祖・徳川家康を祀る日光東照宮を将軍が参拝する際に使われた道で、江戸城を出発して岩槻城で1泊した。

幸手に入り、日光街道に合流。珍しい川の関所があった栗橋には、源義経の愛妾・静御前の墓がある。義経を追いかけてきたが、この地で訃報を聞き、体調を崩して亡くなったという。

この先、古河からは『吾妻鏡』にある奥大道《おくのたいどう》につながり、奥州白河へ至る。頼朝率いる奥州征伐軍は白河の関を越えて、奥州平泉を目指した。

巨福呂坂（こぶくろざか）●鎌倉七切通の一つ。新田義貞の鎌倉攻めの際、新田軍と守る北条軍の激しい攻防戦があった

「巨福山」（こふくさん）の篇額を掲げた総門は、江戸時代後期に京都の寺から移築したもの

鎌倉五山第一位の格式
大伽藍の威容が圧巻！

❶建長寺《けんちょうじ》

建長5年（1253）創建。総門から三門、仏殿、法堂、方丈を一直線上に配置した禅宗様式の建築群が見事。仏殿前のビャクシンは、開山の蘭渓道隆（らんけいどうりゅう）が中国から持ってきた種子から育ったもので樹齢760余年。

8時30分～16時30分／無休／拝観500円／神奈川県鎌倉市山ノ内8／☎0467-22-0981

木像三世仏坐像は室町期作で県指定の重要文化財

石段の参道の先に中国風鐘楼門を望む景観が美しい

アジサイが咲く石段の参道
境内にはやぐらや石仏が点在

❷浄智寺《じょうちじ》

鎌倉五山第四位。鎌倉幕府第5代執権北条時頼の三男、北条宗政の菩提を弔うために弘安4年（1281）頃に創建。曇華殿（どんげでん）と呼ばれる仏殿には、過去・現在・未来を表す阿弥陀・釈迦・弥勒の木像三世仏坐像を安置。

9時～16時30分／無休／拝観200円／神奈川県鎌倉市山ノ内1402／☎0467-22-3943

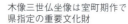

多くの文学者を魅了した 禅寺らしい凜とした境内

④円覚寺《えんがくじ》

鎌倉五山第二位。開山は弘安5年(1282)、蒙古来襲で散った日蒙両軍の戦没者を弔うため、ときの執権・北条時宗が中国・宋より招いた無学祖元禅師により開山。多くの堂宇が立つが鎌倉時代建造の舎利殿と洪鐘は国宝。

8時～16時30分(12月～2月は～16時)／無休／拝観300円／神奈川県鎌倉市山ノ内409／☎0467-22-0478

宝形造の屋根が美しい本堂「泰平殿」は昭和10年（1935）年の建造

上／三門(山門)は天明5年(1785)の再建　下／関東最大級の洪鐘は、北条時宗の子、貞時の寄進

四季の花に迎えられる 縁切り寺と呼ばれた尼寺

③東慶寺《とうけいじ》

弘安8年(1285)に鎌倉幕府第8代執権北条時宗の妻であった覚山尼(かくさんに)が、時宗の菩提を弔うために創建。女性が離婚するのが困難だった時代に、この寺に駆け込めば離縁できたため、「縁切り寺」「駆け込み寺」といわれた。

8時30分～16時30分(10月～3月は～16時)／無休／拝観200円／神奈川県鎌倉市山ノ内1367／☎0467-22-1663

畠山重忠首塚●横浜市旭区役所の裏側に、北条軍に討たれた鎌倉幕府の有力御家人・畠山重忠を弔う小さな祠が立つ。近くに終焉の地があり、記念碑や石碑が立つ

宗隆寺●約500年前の創建で、明応5年(1496)に日蓮宗に改宗。陶芸家・濱田庄司の菩提寺で、石碑も立つ

剣神社(つるぎじんじゃ)●奥州の炭焼き夫は、この地で大蛇に襲われたが、持っていた刀が懐から抜け出て大蛇を刺し、九死に一生を得たという伝説が伝わる。

無数の招き猫が福を呼ぶ寺に 幕府の大老・井伊直弼も眠る

5 豪徳寺《ごうとくじ》 西回り

文明12年（1480）創建。彦根藩2代藩主井伊直孝は、鷹狩りの途中で悪天候に遭ったが、寺の猫の招きで雷雨から逃れることができた。以来、井伊家の菩提寺となり、墓地には井伊直孝や直弼などが眠る。この古事にちなんだ招き猫発祥の地でもある。

6時～17時／無休／拝観無料／東京都世田谷区豪徳寺2-24-7／☎03-3426-1437

西回り **兵庫島公園**●正平13年（1358）、新田義貞の次男、義興が鎌倉へ向う途中、多摩川矢口渡しで敵の策略にはまり、従者13人とともに討死した。その中の一人、由良兵庫助の遺体がこの中州に流れ着いたという

仏殿は井伊直孝の娘・掃雲院が父の菩提を弔うために延宝5年（1677）に建立

招猫殿の横には、祈願成就のお礼として奉納された数多くの招き猫がいる

西回り **江古田古戦場跡**●文明9年（1477）に太田道灌と豊嶋泰経（やすつね）が合戦を繰り広げた地。江古田公園内に碑が立つ

西回り **多田神社**●前九年・後三年の役に勝利した源頼光・頼信は、奥羽からの帰途、大宮八幡宮の神鏡を奉納し、父の多田満仲を祭神とする祠を建てたのが始まり

境内の入口には大鳥居と「赤い橋」と呼ばれる神橋がある

源頼朝の逸話も残る
源氏ゆかりの古社

6 駒繋神社《こましげじんじゃ》 東回り

前九年の役では源頼義・義家父子が、奥州藤原氏征伐では源頼朝が戦勝祈願をしたと伝えられる源氏ゆかりの神社。頼朝が参拝した際、愛馬より下りて駒(馬)を境内の松につないで祈願したといわれる。

世田谷区下馬4-27-26

社殿は昭和38年(1963)の再建。本殿内に旧社殿が納められている

明治期を代表する風景式庭園
四季折々の花にも注目!

7 新宿御苑《しんじゅくぎょえん》 東回り

江戸時代に信州高遠藩主内藤氏の屋敷があったところ。明治39年(1906)に皇室の庭園となり、戦後、一般に開放された。整形式庭園、風景式庭園、日本庭園を巧みに組み合わせた日本における数少ない風景庭園。

9時～18時(10月～3月14日は～16時30分、7月～8月20日は～19時)/月曜(祝日の場合は翌平日)休/入園500円/東京都新宿区内藤町11/☎03-3341-1461

上/都内屈指の桜の名所で、種類も多く、花の時期も長い　右/日本庭園は池を中心にした池泉回遊式庭園。池畔の梅や桜、紅葉も美しい

内藤家ゆかりの古刹に鎮座する
江戸の出入口を見守った地蔵

8 太宗寺《たいそうじ》 東回り

慶長元年(1596)頃の創建で、内藤家5代目の正勝が寛永6年(1629)に埋葬されてから内藤家の菩提寺となる。江戸六地蔵の銅造地蔵菩薩坐像のほか、開帳日(1・7月の15・16日)に、閻魔像、奪衣婆像なども拝観できる。

東京都新宿区
新宿2-9-2

甲州街道を守った銅造地蔵菩薩坐像は正徳2年(1712年)の建立

鎌倉橋跡の碑●新荒川大橋の北、坂を下った地に鎌倉橋記念緑地がある。奥州へ向かう鎌倉街道中道に架けられていた橋で、源義経の武勇も伝わる

本堂や屋根瓦、灯篭などに葵紋があり、
徳川家との結びつきを知ることができる

葵の紋が寺の由緒を物語る
奈良時代創建の古刹

⑨ 錫杖寺

しゃくじょうじ

天平12年(740)、行基が結んだ草庵が起源。徳川2代将軍秀忠が日光社参の際に休憩所として以来、徳川家の日光社参の休憩所と定められた。寛永18年(1641)の銘がある銅鐘や立派な本堂などが歴史を偲ばせる。

埼玉県川口市本町2-4-37

時の鐘●寛文11年(1671)に設置された岩槻城の鐘楼。現在も毎日、朝夕6時と正午の3回、鐘の音を響かせる

大門宿本陣表門●大門宿は日光御成街道の宿場。本陣の母屋は昭和35年(1960)に焼失し、現在は元禄7年(1694)に建設された茅葺き屋根の表門が残る

白鶴城とも呼ばれた戦国時代の城
今はファミリーパークに変身

⑩ 岩槻城址公園

いわつきじょうしこうえん

岩槻城は15世紀に太田道灌の父、資清が築城したとされる。現在、城の遺構は土塁や空掘、裏門などがわずかに残るだけ。園内には、野球場、テニスコート、芝生広場などがあり、家族連れで楽しめる公園になっている。春は600本の桜が咲く。

埼玉県さいたま市岩槻区太田3-4

上／朱塗りの八つ橋が架けられた菖蒲池には、初夏にスイレンが咲く
下／公園の一角に岩槻城の裏門が移築されている

神宮寺●奥州討伐の途上、愛鷹を逃した源頼朝が、この寺で祈願したところ無事に捕まえることができたと伝わる

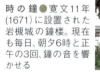

上／桜並木が続く堤の横では菜の花も咲き、ピンクと黄色のパステルカラーの花模様を描く
左／土手が燃えるように真っ赤に色づくヒガンバナの群生

桜、アジサイ、ヒガンバナ……
季節を彩る花を愛でる

⑪幸手権現堂桜堤《さってごんげんどうさくらづつみ》

権現堂川の氾濫から守るために築かれた堤防。大正9年(1920)に桜を植えたが、戦後に伐採され、昭和24年(1949)に再度植樹した。総延長1kmの堤に約1000本の桜があり、花の季節は見事な花のトンネルをつくる。初夏のアジサイ、秋のヒガンバナも見事。

埼玉県幸手市内国府間

鴻巣御所・鴻巣館とも呼ばれた古河公方館。「史蹟 古河公方館址」の記念碑が立つ

関東屈指の桃の名所に
古河公方の史跡が残る

⑫古河公方館跡《こがくぼうやかたあと》

古河総合公園内に、古河公方の足利成氏(しげうじ)が移り住んだ古河公方館跡がある。古河総合公園は約1500本の桃が咲く花名所。

茨城県古河市鴻巣399-1 古河総合公園内

静御前の墓●栗橋駅に近くに、平泉に向かった源義経の後を追い、この地で病没した静御前の墓がある

古河公方館跡の碑の近くには2棟の茅葺き屋根の民家を移築・展示する民家園もある

ダイジェスト版

鎌倉街道 下道

かまくらかいどう しもつみち

東京、千葉、茨城の武士団が東京湾沿いに行き来した街道

見どころが多く見て、歩いて楽しい道

鎌倉街道下道は、東京、千葉、茨城方面を結ぶ街道だ。上道、中道に比べると知名度はやや低いが名所旧跡は多く、街道歩きの楽しさでは、少しも劣っていない。

コースは鎌倉の東側にある朝夷奈切通しから六浦《むつうら》に出て、金沢、帷子《かたびら》（現横浜市）、丸子と北上していく。

多摩川を渡ると沼部から2本の道に分かれ、高輪で合流する。1つは鵜の木、大森、大井を経由するコースで、途中に日蓮宗の大本山・池上本門寺がある。波瀾万丈の人生を送った日蓮宗の祖・日蓮聖人が、61年の生涯を閉じた地だ。

もう1つのコースは中原街道沿いに進み、荏原、五反田を通過する。こちらには源氏ゆかりの洗足池や、千束八幡社がある。

高輪からは大手町を経て、浅草に抜ける。『忠臣蔵』でおなじみの泉岳寺、浄土宗の七大本山で徳川家の菩提寺でもある増上寺、急階段「出世の石段」で名高い愛宕神社、年間3000万人の参拝者が訪れる下町の象徴・浅草寺などの見どころが続き、しっかり東京観光が楽しめる。

浅草からは隅田川の西岸を上がり、いまの白髭橋あたりから川を渡る。再び、道は2本に分かれて、1つは立石、小岩を経て、下総国府のあった市川から松戸へ北上する。

もう1つは、堀切、青戸、金町、松戸を通る。後世、水戸街道のなる道だ。この先、利根川を越えると茨城県になる。

大蔵幕府跡

北向地蔵

心癒やされる竹林散策
日曜朝には座禅会も開催

2 報国寺《ほうこくじ》

建武元年(1334年)創建。本堂裏に竹林があり、根元には石仏や五輪塔が点在する。遊歩道の奥の茶屋「休耕庵」では抹茶600円を味わうことができる。フランスの旅行ガイド『ミシュラン・グリーンガイド』では三つ星の評価を得ている。

9時～16時／無休／拝観300円／神奈川県鎌倉市浄明寺2-7-4／☎0467-22-0762

約2000本の孟宗竹が生い茂る竹の庭

国の重要文化財に指定される十一面観音像をはじめ、数々の仏像を拝観できる

茅葺き屋根の本堂で
3体の十一面観音像を拝観

1 杉本寺《すぎもとでら》

天平6年(734)、行基によって開山した鎌倉最古の寺。延宝6年(1678)建立の本堂に行基、円仁、源信作の3体の十一面観音を安置。山門を守る仁王像は運慶作と伝えられている。坂東三十三カ所・鎌倉三十三カ所の第1番札所。

8時～16時30分／無休／拝観200円／神奈川県鎌倉市二階堂903／☎0467-22-3463

美しく手入れされた庭では早春の梅、陽春のボタンが美しい

鎌倉五山の第五位の格式
境内散策はグルメも楽しみ

③ 浄妙寺《じょうみょうじ》

文治4年(1188)に、源頼朝の忠臣であった足利義兼が創建。墓地には足利尊氏の父・貞氏の墓と伝えられる宝篋印塔がある。境内の「喜泉庵」では抹茶や和菓子を、「石窯ガーデンテラス」では自家製パンや食事を楽しめる。

9時～16時30分／無休／拝観100円／神奈川県鎌倉市浄明寺3-8-31／☎0467-22-2818

中世の面影を残す古道は
鎌倉七切通の一つで国史跡

④ 朝夷奈切通し《あさいなきりとおし》

仁治元年(1240)、北条泰時の命を受けた和田義盛の三男・朝比奈三郎義秀が一夜で切り開いたと伝えられる。鎌倉から朝比奈峠を越えて六浦に通じる道で、六浦の塩を鎌倉に運ぶ重要な道だった。

写真／鎌倉市観光協会

源頼朝の命で上総介広常（かずさのすけひろつね）を討った梶原（鎌倉）景時が刀を洗った梶原太刀洗水

権現造の社殿は寛政12年（1800）建立

鼻欠地蔵●高さ4mの磨崖仏。相模国と武蔵国の国境にあったので界地蔵（さかいじぞう）と呼ばれ、鼻が欠けているので鼻欠地蔵の名でも呼ばれる

武将の篤い信仰を集めた
源頼朝が建立した古社

⑤ 瀬戸神社《せとじんじゃ》

源頼朝が三島明神(三島大社)を勧請して建立。金沢北条氏をはじめ、足利氏や小田原北条氏の崇敬も篤く、徳川家康は社領百石を寄進している。平潟湾に突き出た弁天島に境内神社の琵琶嶋神社がある。

神奈川県横浜市金沢区瀬戸18-14

朱塗りの橋とお堂の甍（いらか）、山の緑が一体となった美しい景観

極楽浄土を表現した庭園
平安絵巻を見るような景観

6 称名寺《しょうみょうじ》

鎌倉幕府の要人・北条実時が屋敷内に建てた持仏堂が起源とされる。阿字ヶ池を中心に中之島・反橋・平橋を配した浄土式庭園が広がり、対岸には金沢三山（金沢山・稲荷山・日向山）を背に金堂・釈迦堂・鐘楼が立つ。

神奈川県横浜市金沢区金沢町212

福石●琵琶島神社の入口にあり、源頼朝が瀬戸神社参拝の際に平潟湾で禊（みそぎ）をした時に衣服を掛けたという

北条政子が琵琶湖の竹生島弁財天を勧請して建立したという琵琶島神社

御所台の井戸●横浜清風高校の北、四阿（あずまや）の中にある井戸は、北条政子が化粧に使ったという

日蓮聖人入滅の地に立つ
日蓮宗の大本山

7 池上本門寺《いけがみほんもんじ》

日蓮聖人が生涯最後の20日間を過ごし、61歳で入滅（臨終）した地にある。広大な境内に、徳川2代将軍秀忠の乳母が寄進した五重塔、江戸時代建造の教蔵や総門などが立ち並び、大寺にふさわしい風格がある。

東京都大田区池上1-1-1

上／総門の先に、加藤清正が寄進した96段の此経難持坂（しきょうなんざか）がある　下／昭和39年（1964）建立の大堂（祖師堂）。外陣の龍の天井画は川端龍子の作

現在の社殿は昭和17年（1942）の造営

源義家・頼朝の伝説が残る
源氏ゆかりの古社

8 千束八幡神社《せんぞくはちまんじんじゃ》

貞観2年（860）創建と伝わる。後三年の役で奥州討伐へ向かう源義家が、千束池（洗足池）で身を清め、戦勝祈願したと伝えられる。源頼朝が、『平家物語』にも登場する名馬・池月と出会った地であり、境内に池月の像が立つ。

東京都大田区南千束2-23-10

愛宕山の山頂にあり、NHK放送博物館が隣接する

86段の出世の石段。9月には御輿が駆け上がる出世の石段祭（令和偶数年）が行われる

86段の出世の石段を登って
徳川家ゆかりの神社へ

9 愛宕神社《あたごじんじゃ》

標高26mの愛宕山は、天然の山では23区内で最も標高が高い。慶長8年（1603）に徳川家康の命により防火の守り神として創建。桜田門外の変の際、井伊直弼を討つ前に水戸浪士が集結した場所で、境内に遺蹟碑が立つ。

東京都港区愛宕1-5-3

浅草寺●推古天皇36年（628）創建の都内最古の寺。雷門から宝蔵門まで続く仲見世商店街は都内最古の商店街で89店舗の店が連なる。

泉岳寺（せんがくじ）●慶長17年（1612）に徳川家康が建立。『忠臣蔵』で知られる浅野内匠頭と四十七士を弔う墓所がある

御殿山公園●公園の場所は、戦国時代の葛西城址といわれ、江戸時代には将軍の鷹狩りの休憩・宿舎（青戸御殿）として利用されていた

将門塚●朝廷に反逆し、藤原秀郷に討たれた平将門の首が京から飛んで来て、この地に落ちたという

江戸川を望む高台に立つ
明治時代の徳川家の住居

⑩ 戸定が丘歴史公園《とじょうがおかれきしこうえん》

最後の将軍となった徳川慶喜の弟・徳川昭武の私邸で国指定重要文化財に指定される戸定邸と、国名勝に指定された庭園を中心に整備した公園。園内には、徳川昭武の遺品を中心に展示する戸定歴史館もある。

9時～17時／月曜（祝日の場合は翌日）休／入園無料（戸定邸250円、戸定歴史館150円、共通入館券320円）／千葉県松戸市松戸714-1／☎047-362-2050

松戸宿本陣跡●松戸は水戸街道の宿場町。江戸川は渡し船で往来し、松戸神社近くに本陣が設けられた

松戸神社●寛永3年（1626）創建。松戸の総鎮守で、水戸徳川家より篤い崇敬を受けた

戸定歴史館では徳川昭武の遺品を中心に、松戸徳川家や徳川慶喜家の伝来品、1867年パリ万国博覧会の資料展示を行う

鶴岡八幡宮

つるがおかはちまんぐう

創建から800年以上に渡り
鎌倉の信仰・文化の中心となる

神奈川県鎌倉市雪ノ下2-1-31／境内自由／☎0467・22・0315

由比ヶ浜から続く参道を通って境内へ

鶴岡八幡宮は源頼朝から数えて5代前の源氏棟梁・源頼義が、康平6年（1063）の奥州平定後に鎌倉へ帰り、源氏の氏神として京都の石清水八幡宮を由比ヶ浜辺りに祀ったのが始まりだ。

治承4年（1180）に源氏再興の旗上げをした源頼朝は、鎌倉に入るとすぐに由比ヶ浜辺りの八幡宮を現在地に遷座。建久2年（1191）に鎌倉幕府の宗社にふさわしい上下両宮の姿に整え、鎌倉の町造りの中心に据えた。さらに、流鏑馬、相撲、神楽などの神事も行い、関東の総鎮守であることを広めた。

写真／鶴岡八幡宮

本宮《ほんぐう》

流権現造りの代表的な江戸建築で、国の重要文化財に指定される。祭神は応神天皇、比売神（ヒメガミ）、神功皇后を祀り、「上宮」とも呼ばれる

右／本宮楼門の扁額「八」の字は2羽の鳩になっている
左／大イチョウ絵馬は新緑と紅葉（黄）の2種類の絵がある

太鼓橋《たいこばし》

三ノ鳥居をくぐると、平家池と源氏池をつなぐ水路に架けてある。水路は人間の領域と神の領域の境界線を意味しているともいわれる。現在、太鼓橋は渡れず、横の橋を通る

若宮大路《わかみやおおじ》

由比ヶ浜から始まる一直線の参道で、二ノ鳥居から三ノ鳥居まで続く中央の一段高い部分を段葛（だんかづら）といい、頼朝が北条政子の安産を祈願して整備した

その後も武家の心の拠り所となり、名だたる武将が参拝している。豊臣秀吉もそのひとりで、小田原城に籠もる北条氏を降伏させ、奥州平定に向かう際に参拝。一説では白旗神社に祀られていた源頼朝像と対面して、「天下の英雄吾と君のみ」と話したという。

現在の社殿は、主に江戸時代に整備されたもの。本宮は文政11年（1828）に11代徳川将軍・家斉が造営。若宮（下宮）は寛永元年（1624）の修復で、本宮と若宮の2棟は国の重要文化財になっている。令和元年の6月には鎌倉文華館鶴岡ミュージアムが開館し、見どころが増えた。本宮を参拝した後、境内を巡ってみよう。

大銀杏《おおいちょう》

3代将軍源実朝が、イチョウに隠れていた公暁(くぎょう)に暗殺されたという説話から「隠れイチョウ」とも呼ばれた大銀杏。平成22年に強風の為に倒伏してしまったが、その根元からヒコバエ(若芽)が芽吹き、順調に育っている

旗上弁財天社《はたあげべんざいてんしゃ》

源氏池の島にある。昭和55年(1980)に鶴岡八幡宮創建800年を記念して、江戸時代の古図をもとに社殿を復元した。白旗を奉納して諸願成就を祈念できる

政子石《まさこいし》

旗上弁財天の本殿裏にある。北条政子が奉納したと伝わり、良縁と夫婦円満の御利益を授けるという。白旗神社の近くには濡れると鶴と亀の模様が浮かぶという鶴亀石もある

白旗神社《しらはたじんじゃ》

源頼朝、実朝を祭神とする。黒塗りの社殿が印象的である。かつては「伝源頼朝坐像」が祀られていたが、現在は東京国立博物館に保管されている

写真／鎌倉市観光協会

源平池《げんぺいいけ》

正面参道太鼓橋より東の源氏池には島が3つ、西の平家池には4つの島がある。3は産で繁栄、4は死で滅亡を現しているともいわれる。夏にはハスが紅白の大きな花を咲かせる

丸山稲荷社《まるやまいなりしゃ》

境内では最も古い社殿で、国の重要文化財。参道には鳥居が連なり、絵馬も鳥居の形をしている。毎年11月8日の火焚祭では鎌倉神楽が奉納される

静の舞《しずかのまい》

毎年4月に開催する「鎌倉まつり」で、義経の愛妾・静御前が源頼朝や北条政子の前で舞った舞が再現される。舞台となる舞殿(下拝殿)は、静御前が舞った若宮廻廊跡に立つ

写真／鎌倉市観光協会

写真／鎌倉市観光協会

流鏑馬神事《やぶさめしんじ》

鎌倉武士さながらの衣装を着た射手が疾走する馬上から3つの的を射抜く神事で、例大祭期間中の9月16日に行われる。石橋山の戦いで頼朝に敵対するも、流鏑馬の見事な技を披露して罪を許された河村義秀の逸話は有名だ

ここも見どころ

鎌倉文華館 鶴岡ミュージアム《かまくらぶんかかん　つるがおかミュージアム》

平成28年に閉鎖した「神奈川県立近代美術館鎌倉館」を継承した施設で、鎌倉の祈り、武士の古都鎌倉、鎌倉の自然、文学・芸術の鎌倉をテーマにした展示を行う。

10時～16時30分／月曜休(祝日の場合は翌日、展示替えなどの休館あり)／入館300円～(展示により異なる)／神奈川県鎌倉市雪ノ下2-1-53 鶴岡八幡宮内／☎0467・55・9030

写真／鶴岡八幡宮

鎌倉国宝館《かまくらこくほうかん》

関東大震災の教訓から貴重な文化遺産を保護するための施設として開館。薬師三尊及び十二神将立像をはじめ、彫刻、絵画、書、工芸などを収蔵・展示する。

9時～16時30分／月曜休(祝日の場合は翌日、展示替えなどの休館あり)／入館300円～(展示により異なる)／神奈川県鎌倉市雪ノ下2-1-1 鶴岡八幡宮 内／☎0467・22・0753

あ

い

え

お

か

き

く

へ

ほ

ま

み

む

も

や

ゆ

よ

り

わ

著者
街道歩き委員会

内田 晃（うちだ あきら）

自転車での日本一周を機に旅行記者を志す。四国八十八ヵ所などの巡礼道、街道、路地など、歩き取材を得意とする。著作に「40代からの街道歩き 日光街道編」がある。
日本旅行記者クラブ会員

40代からの街道歩き
《鎌倉街道編》

2019年9月2日　初版第1刷発行
2020年11月28日　第2刷発行
2023年11月4日　第3刷発行

著　者　街道歩き委員会
内田 晃

取材・執筆・写真　内田 晃

編　集　株式会社アド・グリーン
塙 広明

デザイン　宮内 雅子

地　図　エルフ／萩原 和子

発行者　亀井 崇雄

発行所　**株式会社創英社／三省堂書店**
東京都千代田区神田神保町1-1
Tel 03-3291-2295
Fax 03-3292-7687

印刷／製本　三省堂印刷株式会社

ISBN978-4-86659-004-2
C0026